노빠꾸학 개론

지방대 자퇴생의 극한 질주 성공 방정식
노빠꾸학 개론

1판 1쇄 펴낸날 2025년 6월 30일

지은이 이동헌
펴낸이 나성원
펴낸곳 나비의활주로

책임편집 유지은
디자인 BIG WAVE

전화 070-7643-7272
팩스 02-6499-0595
전자우편 butterflyrun@naver.com
출판등록 제2010-000138호
상표등록 제40-1362154호
ISBN 979-11-93110-67-6 03320

※ 이 책은 저작권법에 따라 보호받는 저작물이므로 무단 전재와 무단 복제를 금지하며,
  이 책의 내용을 전부 또는 일부를 이용하려면
  반드시 저작권자와 도서출판 나비의활주로의 서면 동의를 받아야 합니다.
※ 잘못된 책은 바꿔드립니다.
※ 책값은 뒤표지에 있습니다.

노빠꾸학 개론

| 지방대 자퇴생의 극한 질주 성공 방정식 |

이동헌 지음

나비의 활주로

PROLOGUE
출발하기 위해 위대해질 필요는 없지만, 위대해지기 위해서는 출발부터 해야 한다

사람들은 보통 합리적이고 상식적으로 생각하려고 노력하고, 또 그래야만 한다고 여긴다. 그렇지 않은 이에게는 대개 '이상하다', '말이 되냐'라고 비아냥거리기 일쑤다. 사실 나 역시 이런 교육을 받으면서 자라왔다. 학교 선생님이셨던 부모님 덕분에 가장 상식적이고 합리적인 가정교육을 받았고, 그런 부모님의 모습을 보면서 자랐다. 하지만 어느 순간, 성공을 꿈꾸는 사람들에게 '합리성과 상식은 족쇄가 된다'는 사실을 알게 됐다. 어떤 면에서 성공하기 위해서는 비합리적이고, 비논리적이고, 비상식적이어야 한다.

"이 사람은 뭐가 이렇게 무모하지?"

처음 대학 시절, 방문 과외를 하고 공부방을 운영하며 점점 발전시켜 학원 사업을 하게 되기까지, 합리적인 과정이나 상식적인 부분을 찾아보기는 거의 힘들다. 아마도 이 책에 담긴 내 이야기를 듣다 보면 '뭐 이렇게나 무모한 사람이 있지?'라는 생각이 종종 들 것 같다.

학원을 처음 오픈하던 시절에는 학원의 'ㅎ' 자도 모를 때였지만 무작정 부동산에 가서 월세 계약을 했고, 그런다음 어떻게 강사를 채용하고 어떤 방식으로 운영할지를 생각했다. 제대 이후 과외를 할 때는 고3 학생의 수학 강의 문의가 들어왔다. 2년 정도 군대에 있었으니까 나 역시 고3 과정을 상당 부분 잊어버렸을 때이다. 그러니 애초에 고3을 가르치려는 생각조차 하지 않았었기에 당연히 강의를 맡아서는 안 되는 것이 합리적이고 정상적이지만 그렇게 하지 않았다.

"물론이죠. 당연히 고3도 가르칠 수 있습니다!"

그리고 그날 밤부터 인터넷 강의 결제를 하고 미친 듯이 공부했다. 과녁을 정조준하고 총을 쏘는 게 아니라, 총을 쏜 다음에 비로소 과녁을 조정하는 격이다. 이렇듯 내 삶은 '할 수 있는 일을 하는' 합리적이고 상식적인 과정이 아닌, '못하는 걸 하겠다고 하는' 무모함의 연속이었다고 볼 수 있다.

당시 원룸에서 월세 내고 살면서 타고 다녔던 외제차와 스포츠카는 무려 6대였다. 일주일 중 거의 매일, 타고 싶은 차를 골라 타는 셈이다. 당연히 이 모든 차는 각각 매월 리스비를 내야 했다. 누가 들어도 '미친

놈' 소리가 절로 나올 것이다.

하지만 일일이 거론하기도 힘든 이러한 무모함의 결과는 달콤했다. 14년 만에 경북 경산의 조그만 공부방에서 벗어나 이제 대한민국 최고의 학원가인 서울 강남 대치동 50평 사무실에 내 이름으로 된 학원을 열수 있게 됐다. 이것저것 하다 보니 '얻어걸린 것'이 아니냐고 할 수도 있다. 그런데 절대로 그렇지 않다. 조금씩 성장의 비밀을 알면서부터 내 행동 중에 이유 없는 것은 없었고, 전략 없이 실천한 일도 없었기 때문이다.

우리가 부정적인 생각에 쉽게 설득당하는 이유

생각했던 것을 실행에 옮기는 일은 쉽게 생각하면 쉬워 보인다. '뭐든지 하고 싶은 게 있다면 그냥 하면 되지 않아?'라고 가볍게 생각할 수는 있지만, 실제로 실행에 옮기기는 쉽지 않다. 그 이유는 바로 실행하기 직전에 자신의 마음속에 수많은 허들이 재빠르게 들어서기 때문이다. 그전에는 전혀 없었던 허들들이 마치 귀신처럼 나타나 자신의 손과 발을 묶어버린다.

"야, 이건 성공할 가능성이 10퍼센트도 안 돼. 차라리 그 시간에 딴 걸 해라."

"만약 실패하면 그간 기울였던 노력이 아깝다. 차라리 안 하는 게 남는 거다."

"근데 이거 할 수는 있겠지만, 시간 대비 엄청나게 비효율적이야."

좀 전문적인 용어가 등장하면 설득력은 더욱 강해진다.

"기회비용이라고 들어봤지? 네가 지금 이걸 선택해서 하는 동안에 다른 기회를 포기하는 거야. 일단 다시 생각해 보자."

이러한 목소리들에게 쉽게 설득당하는 이유는 우리가 부정적인 감정에 매우 잘 넘어가기 때문이다. 사람은 행복, 기쁨, 즐거움을 얻는 것보다는 공포, 불안, 두려움에서 벗어나기를 더 간절하게 원한다. 그 이유는 아주 간단하다. 사람은 이득보다 손실에 더 민감하기 때문이다. '오늘 10만 원 못 벌었어'보다 '오늘 10만 원을 뺏겼어'가 더 두렵다. 더 벌지 못했으면 그냥 제로(0)겠지만, 가진 것을 뺏기면 마이너스(-) 10이 되기 때문이다.

다른 지름길이나 비상구 따위는 없다

아주 오랜 세월을 살아보지는 않았지만, 그럼에도 그 시간 동안 끊임없이 나보다 성공한 사람들을 만나려고 했고, 직접 대화를 나누었으며, 노하우를 얻기 위해 그들을 따라다녔다. 제각각 모두 성공의 비결은 달랐지만, 모두에게 딱 하나 공통적인 점이 있었다.

그것은 바로 '실행력'이었다. 그것은 단순히 할 수 있는 쉬운 일을 하는 것이 아니었다. 누가 봐도 비합리적이고 비상식적인 실행력이었다. 모두가 '말이 되냐?'라고 반문하는 것에 도전했고, 끊임없이 불안해하면서도 멈추지 않았으며, 두려움에 떨면서도 계속 뚫고 나갔다는 점이었다. 더 나아가 책임감이 점점 더 무거워지고, 한순간에 삐끗할 수 있는 위험천만한 상황에서도 그들은 멈추지 않고 실행해 나갔다.

나는 수많은 성공한 사람들의 그 위대한 비합리적이고 비상식적인 실행력 중 아주 작은 일부분만을 내 것으로 만들었을 뿐이다. 그리고 그 결과가 바로 오늘날 이뤄놓은 6개의 학원을 운영하는 학원 사업, 18개의 학원을 관리하는 컨트롤&리브랜딩 사업, 전국 40개 이상을 오픈한 〈더 딩글〉 사업, 전국 칠십 여 명의 원장님을 관리하는 학원 경영 컨설팅 사업이다. 대학교 1학년 시절, 소위 말하는 '엄카(엄마 신용카드)'가 정지되어 망연자실했던 내가 이러한 사업가로 변신할 수 있었던 비결은 단연코 실행력이라고 할 수 있다.

이 책을 쓴 이유는, 오늘도 수없이 많은 고민과 걱정 때문에 더는 실행하지 못하고 늘 아쉬워하며, 포기하고, 실망하는 이들의 생각과 마인드를 박살 내기 위해서다. 실행력에 관해 나는 무수히 많은 도전과 실패를 경험했고, 그래서 왜 지금 많은 이들이 실행하기를 두려워하는지를 누구보다 잘 알고 있다. 실행력이 없어 고민하는 이들에게는 나만 한 저승사자도 없을 것이라 확신한다. 더불어 지금까지 해왔던 공부방·학원 사업은 영업과 마케팅을 배우기에도 제격인 분야다. 세상의 그 어떤 직업, 그 어떤 사업도 영업과 마케팅은 필수적이다. 따라서 당신이 지금 무슨 일을 하고 있든, 혹은 어떤 일을 계획하든, 이 책을 통해서 자신의 분야에서 활용할 수 있는 영업과 마케팅에 관한 흥미로운 포인트를 발견할 수 있을 것이다.

   지금보다 훨씬 나은 삶을 꿈꾼다면 이제 행동할 차례이다. 언제나 자신의 현실과 미래의 꿈 사이에는 '실행'이라는 다리가 있다. 비록 그 다리를 건너는 과정이 고통스러울 수는 있지만, 다른 지름길이나 비상구 따위는 존재하지 않는다. 망설이며 한숨 쉴 시간에 크게 한 번 심호흡을 내쉬면서 하나씩 발걸음을 뗄 수 있을 때, 비로소 달라진 자신과 행복한 동행을 할 수 있을 것이라 확신한다.

실행력이라는 위대한 힘으로
당신의 인생이 바뀌길 간절히 바라며,

이동헌

CONTENTS

4 **프롤로그** 출발하기 위해 위대해질 필요는 없지만,
위대해지기 위해서는 출발부터 해야 한다

PART 1

삶이 혹독하지 않은데, 어떻게 '생존법'을 체득할 수 있겠는가?

새로운 마인드 세팅이 바꾸는 놀라운 미래

- 17 폭탄 맞은 마음에서 새로운 도전이라는 싹을 틔울 수 있다
- 25 현실을 제대로 받아들이지 못하면, 왜곡된 현실에 갇히게 된다
- 34 성공자는 타고난 능력자가 아니라 압도적인 인풋을 견딘 이들이다
- 41 불안은 실행의 장애물이 아니라 진정한 실행 에너지다
- 49 길이 보이지 않는다 싶으면, 피지컬로 뚫고 나간다
- 56 '내 것, 내 방식'을 만드는 실행-수정-보완
- 63 혼자 해도 이길 수 있지만, 챔피언이 되려면 팀워크가 필요하다

PART 2

노력한 만큼 이루어지지 않고 생각하는 만큼 이루어진다

10배의 성장을 이뤄내는 '생각'의 비밀

73	빠꾸도 계속되면 습관이 된다
80	반드시 벗어나야 할 부정 암시의 부작용
88	목표를 정하기 전에 정말 간절하고 설레는 것부터 상상한다
95	코어 멤버 한 명이면 천하를 얻을 수 있다
102	있는 자는 더 받고, 없는 자는 빼앗기는 세상의 원리
108	내 노력을 순식간에 10배로 키우는 환경 설정의 힘
118	성공을 자동화하기 위해서는 무의식을 바꿔야 한다
124	더딩글, 대박을 만들어낸 생각의 전쟁

PART 3

입소문 나길
기다리기 전에
마케팅으로 승부하라

전단과 SNS으로 시작해 블로그로 완성하는 마케팅의 핵심

- 133   마케팅은 광고가 아니라 감정적 결합이다
- 140   '학원 이야기'라는 무한한 셀링 포인트
- 147   왜 블로그가 최적의 학원 마케팅 수단이 될까?
- 154   '지금 시대에 웬 전단'이 아니라 '학원이라서 전단'이 답이다
- 162   학원 원장님은 그 자체로 브랜드가 되어야 한다
- 169   무리한 듯 싶었던 학원 확장, 블로그로 성공하다
- 175   리스펙을 받으며 고자세로 영업하는 법

PART 4

규모가 큰 공부방이 아닌, 작아도 시스템을 갖춘 학원으로 성장하라

학군지에서도 승승장구하는 원장님이 되는 법

- 185 　장기적인 생존의 비법, 티칭 능력에서 경영 능력으로의 전환
- 192 　누구를 뽑느냐가 원장의 경영 능력을 배가한다
- 199 　학원을 무조건 성공시키는 여섯 가지 인사이트
- 211 　시스템 원장, 더 큰 그림을 그리는 비결
- 218 　시스템 원장이 반드시 가져야 할 세 가지 능력
- 228 　수업을 놓는 괴로운 감정을 이겨나가는 법
- 235 　원장은 왜 사람을 영입하지 않고 '키워야' 할까?
- 243 　인재 양성에서 문제와 마찰을 해결해 나가는 법

- 254 　**에필로그** 이 책이 넥스트 레벨로 업그레이드 될
　　　　　　 당신 삶의 이정표이길 바라며

PART 1

삶이 혹독하지 않은데, 어떻게 '생존법'을 체득할 수 있겠는가?

새로운 마인드 세팅이
바꾸는 놀라운 미래

특수부대원들이 받는 훈련을 흔히 '지옥 훈련'이라고 말한다. 하지만 이는 그들에게 단순히 고통을 안겨 주기 위한 것이 아니다. 훈련이 지옥 같을 때 실전에서는 달콤한 승리를 할 가능성이 커지기 때문이다. 그래서 그들에게 지옥 훈련은 곧 생존 훈련이기도 하다.

누구나 한때의 삶은 지옥이 되기도 한다. 특정한 사건이 지옥을 만들기도 하고, 또 고통을 견디기 힘든 오랜 시기도 거친다. 하지만 거시적으로 본다면 이 역시 생존 훈련이다. 혹독한 환경에 처해 보지 않은 사람은 생존법을 체득할 수 없고, 절망에 빠져 보지 않은 사람은 노력과 희망의 진짜 가치를 잘 모른다.

나의 삶 역시 끝없이 실패와 성공이 교차하며 진동했다. 초기에는 그 진폭이 너무나 커서 정신을 차리기도 힘들 정도였지만, 경험이 쌓이고 그 안에서 나만의 지혜를 길러 올리다 보니 이제 그 진폭은 현저하게 줄어들었다. 뒤를 돌아보면 그 모든 과정은 생존을 위한 혹독한 훈련의 기간이었다. 지금 자기 삶이 힘들고 고민되고 괴롭다면, 아주 잘 가고 있다고 여겨도 된다. 그 시기가 지나면 드디어 안개가 걷히고 조금씩 길이 보일 것이기 때문이다.

폭탄 맞은 마음에서 새로운 도전이라는 싹을 틔울 수 있다

"인생은 계속해서 도전하는 것이다.
도전을 멈추면 성장도 멈춘다."

-존 맥스웰(작가, 리더십 권위자)-

'실패는 성공의 어머니'라는 말을 들으면, 왠지 실패 자체도 매우 근사한 것처럼 보인다. 성공으로 가는 든든한 징검다리라고 하니, 뭐 한두 번의 실패라면 오히려 성공의 가능성이 높아지는 것 아닌가? 더 나아가 '그래, 나도 실패를 감당할 수 있어!'라고 생각하면 왠지 용기가 불끈 생기기도 한다.

하지만 한두 번의 실패가 아니라 20~30번의 실패라면 차원이 다른 이야기가 된다. 그때의 마음은 전쟁에서 폭탄을 많이 맞은 건물이나 땅을 떠올리면 이해하기가 쉽다. 한마디로 박살이 난다는 의미다. 폭탄이

터질 때 생기는 엄청난 화염은 멀쩡한 땅도 시커멓게 만들어 버린다. 아마도 장기간 식물이 자라기도 힘들고, 짐승들도 꺼리는 곳이 될 것이다. 실패를 자주 하는 사람의 마음도 마찬가지다. 곳곳이 상처투성이라 결국 '나는 아무것도 안 되는 인간인가 보다'라며 낙담하는 것은 차라리 너무 자연스러운 일이다. 그런데 스스로 자기 자신을 부정하는 일은 아마도 인간이 느낄 수 있는 최악의 감정일 것이다. 바로 내가 이런 스토리의 주인공이다. 이 책은 청년층의 성공에 도움을 주기 위해 쓰였지만, 이는 실패와 낙담, 폭탄 맞은 마음에서부터 시작한다.

학부모에게 쌍욕을 먹는 아픈 경험

'세상은 마음먹은 대로 되지 않는다'는 말은 누구나 수긍하겠지만, 전혀 의도하지도 않았던 사건들이 내 상황을 망치는 일은 정말로 힘들게 한다. 거기다가 아예 처음부터 성공의 기미조차 전혀 보이지 않았다면 또 모르겠다. 뭔가가 좀 잘 되려고 하면 실패하고, '이제는 좀 안정이 된 건가'라고 생각할 때 반복적으로 망하면 정말로 환장할 노릇이다.

대학교 1학년 때 처음 군포에서 방문 과외를 시작하면서 사교육 커리어가 시작됐다. 돈은 벌고 싶었지만 아르바이트는 하기 싫었기에 수학에서 해법을 찾았다. 사실 고등학교 1학년부터 공부를 약간 게을리하기 전까지만 해도 나의 수학 실력은 화려했다. 중학생 당시 대략 10번 정도 수학 시험을 치면 8~9번은 만점을 받았다. 그러니 중학교 수학 과외 정도야 자신만만이었다. 처음 한 명의 학생을 등록하게 하기까지가 어려웠을 뿐, 그리 오래지 않아 입소문을 타고 순식간에 학생 수는 늘어났다. '와, 내가 예상보다 잘하는구나!'라는 생각과 함께 그 이후에는 '좀 더 꽃길을 걸어야겠다'는 다짐으로 공부방을 시작하면서 규모를 좀 더 키우기 시작했다.

방문 과외는 선생님이 발품을 팔아야 해서 시간이나 에너지 소모가 크지만, 공부방은 학생이 선생의 집으로 찾아오기 때문에 선생의 입장에서는 시간과 체력을 절약할 수 있다. 그리고 그만큼 더 많은 학생을 가르칠 수 있기 때문에 수익도 훨씬 나을 수밖에 없다. 알아보니 반지하에서도 얼마든지 공부방을 열 수 있었다.

역시 출발은 소위 '전단지'라고 일컫는 전단傳單이었다. '딱 한 명이 등록할 때까지 붙인다'는 마음에 아마도 수천 장은 붙였을 것이라 기억된다. 그러던 중 정말로 한 명이 등록했다. 마음속으로 쾌재를 불렀고, 역시나 곧 네 명까지 늘어났다. 일단 '출발이 좋다'고 여겨졌지만, 악몽은 그리 오랜 시간이 걸리지 않고 나를 찾아왔다.

영화 〈기생충〉의 반지하 방이 기억난다면 한여름 폭우가 쏟아질 때 어떤 상태가 되는지를 어렵지 않게 예상할 수 있을 것이다. 정말이지 아무런 과장도 하지 않고 방에 있는 내 허리까지 물이 찼다. 집 밖의 화장실에 가기 위해서는 수영해야 할 정도였다.

문제는 공부방 과외 학생을 데려다주는 한 학부모님이 그 장면을 보셨다는 점이다. 그때 내 인생에서 처음으로 쌍욕을 들었다. 혹시 자신의 자녀가 그런 일을 당할 수도 있었다는 생각에 그러셨을 것이다. 마음은 아팠지만 그런 상황이라면 나 또한 그분과 동일한 심정일 것이라 이해한다. 비가 많이 오면 물이 허리까지 차는 곳에 공부방을 마련한 나를 미친놈이라고 여겼을 것 같다.

그날 이후 어렵게 모은 네 명의 학생은 모두 다 떨어져 나갔다. 처참한 실패였다. 그런데 나의 실패 퍼레이드는 그때부터 시작이었다. 군대에 입대한 후 '나는 정말로 큰 사업가가 될 거야!'라는 야심만만한 마음으로 온라인 마케팅에 대한 지식을 쌓은 후 제대하고 사업을 시작했다. 전주 한옥마을에 있는 한 한지 생산 업체의 한지를 온라인으로 홍보해 주는 일이었다. 그렇지만 단건을 홍보해 주는 것으로 끝나면서 더 이상 일은 들어오지 않았다. 또 실패였다. 그 이후로 크고 작은 창업을 한 20번 이상 시도했지만, 결과는 마찬가지였다. 그때 너무도 자연스럽게 이런 생각이 들었다.

'아, 원래 나는 아무리 해도 안 되는 인간인가?'

사람에 의한 뼈아픈 상처

폭삭 망했다고 표현해도 될 정도의 처참한 기억은 또 있다. 여러 번의 실패 끝에 다시 시작했던 공부방의 학생들은 나날이 늘어나서 칠십에서 팔십 명에 육박했다. 더 이상 하나의 공부방으로는 감당할 수 없는 수준이었다. 이 정도면 공부방으로는 나름 성공한 것이라고 볼 수도 있다. 하지만 공부방은 법적으로 자기 집에서 하는 것이기 때문에 자신의 명의로 2호점을 오픈하기는 불가능하다. 결국 사업 파트너를 찾아서 투자를 한 후 수익을 5:5로 나누는 방법을 선택했다. 이렇게 투자까지 할 정도로 상대방을 철석같이 믿었었기에, 그가 나에게 큰 상처를 주리라고는 상상도 하지 못했다.

첫 출발은 좋았다. 2호점의 학생까지 합치면 백 명이 넘어서는 상황이 되었다. 이렇게 안정되다 싶었는데, 또 하나의 시련이 폭풍처럼 들이닥쳤다. 백 명에 달하던 수강생이 갑자기 아홉 명이 되어 버리는 사건이 발생했기 때문이다. 월급 100만 원 받던 상황에서 하루아침에 9만 원을 받는다고 생각해보라. 이건 망해도 처참하게 망한 것이다. 그날 차 안에서 운전대를 부여잡고 한참 울었던 기억은 지금도 뇌리에 선명하다.

이 일은 2호점의 파트너로 인해서 발생했다. 그 이전에도 무수한 실패를 했지만, 사람의 마음이 변해서 당한 일이라 더 뼈아프게 다가왔다. 물론 모든 배신에는 내 책임이 더 크다는 점은 인정한다. 당시에는 내가 누군가를 이끌어 갈 그릇이 되지 않았고 리더십도 부족했기 때문일 것이다. 그럼에도 불구하고 큰 상처가 남는 것은 어쩔 수 없는 일이다.

2호점을 운영했던 파트너가 1호점 학생들을 한두 명씩 빼가더니 결국 나의 찐 팬이라고 할 수 있는 학생들까지도 빼내 갔다. 문제는 거기서 그치지 않았다. 당시 1호점의 2층에는 자습실이 있었는데, 엄밀하게 말하면 이는 불법이었다. 하지만 대형 학원도 아니고 조그만 공부방 2층의 자습실을 누군가 신고하기도 쉬운 일은 아니다. 학생들이 자신이 다니던 학원을 신고했다고 상상할 수도 없고, 그렇다고 학부모가 자기 자녀가 다니는 학원을 신고하는 것도 여기기도 어렵다. 결국 1호점의 내부 사정을 잘 알고 있으면서 내가 타격을 입기를 바라는 사람이 신고했다고 생각할 수밖에 없었다. 내가 망하면 자신이 성공하는 사람이 신고자일 것이다. 교육청에서는 1년 영업 정지를 하겠다고 했고, 나는 울면서 반성문을 100장 정도나 썼다. 마치 범죄자가 된 것처럼 치욕감마저 들었다.

사실 이때만 해도 어느 정도 성공을 거두었다고 자부할 때였다. 내 명의로 된 벤츠까지 있었기 때문이다. 힘든 고개를 넘어 정상을 바라볼 때 겪은 실패라서 더 뼈아프게 다가왔다.

처음부터 다시 시작하는 마음에서 일단 남은 학생 아홉 명에게 당분간 문을 닫는다고 통보하고 새롭게 인테리어를 하면서 마음을 다잡으려고 했다. 자재를 구입하고 내 손으로 인테리어를 하는 일은 스님들이 하는 묵언 수행과도 같았다. 그런데 바로 옆이 영어 공부방이었다. 학생들이 들어갈 때마다 "띠리릭!" 하면서 문이 열리는 도어록 소리가 들렸다. 하루 종일 쉴 새 없이 들리는 그 소리는 마치 내 아픈 상처를 콕콕 찌르는 바늘처럼 여겨졌다.

'내 공부방도 얼마 전까지는 저랬는데… 도대체 지금의 나는 뭐지?'
당시에는 실패가 '성공의 어머니'가 될 것이라는 장밋빛 꿈 같은 건 꾸지 못했다. 실패는 누구에게나 힘든 일이니 말이다. 가슴이 패이고, 힘이 빠지며, 멍해진다. 앞날이 보이지 않는다는 것이 더욱 큰 문제다. 뭔가 새로운 것을 시도하려는 노력 자체가 허망해 보이기 때문이다. 물론 실패라는 경험이 결코 만만한 것은 아니다. 그렇지만 만약 그것을 일단 한 번 박차고 오르기 시작할 수 있다면 그때부터는 자신의 눈앞에 펼쳐지는 세상은 완전히 다르다. 이는 20번이 넘는 실패를 겪으면서 얻게 된 깨달음이다.

❗ 노빠꾸 실행력 파워 업

"진짜 실패는 실패 그 자체가 아니라,
그 실패에 머무는 것이라는 이야기가 있다.
좌절 속에서 자괴감이 들어도 절대로 잊어서는 안 되는 것이 있다.
실패에 머물지 않는다면,
새로운 출발과 도전을 할 수 있다는 점이다."

현실을 제대로 받아들이지 못하면, 왜곡된 현실에 갇히게 된다

!

"혁신을 하다 보면 실수할 때도 있습니다.
그럴 때는 빨리 실수를 인정해야 합니다.
그리고 다른 혁신들을 개선하는 데 매진해야 합니다."

-스티브 잡스(애플 창업자)-

실패에서 빠져나오는 방법은 사람마다 모두 다를 수밖에 없다. 특히 각자의 스타일이 있으니 모두 자신에게 맞는 방법을 활용하곤 한다. 그런데 그 외형은 달라도 어느 정도의 공통점 하나는 있다. 그것은 바로 '현실에 대한 인정과 새로운 마인드 세팅'이라고 하겠다. 많은 책을 통해서 보았지만 실패와 성공을 반복했던 사람 중 이것이 없었던 사람은 없었고, 이것이 있어야만 재도약을 할 수 있었다.

물론 나도 마찬가지였다. 특히 '이미 벌어진 현실에 대한 인정'이라는 부분은 강연할 때 두 번, 세 번 꼭 강조하는 내용이다. 그럴 때는 늘 '진짜 진짜 진짜 중요하다'는 표현을 사용하곤 한다. 이러한 인정과 함께 해야 하는 것이 바로 '새로운 마인드 세팅'이다. 그런데 이 인정과 마인드 세팅은 거의 동시적으로 이루어지면서 순식간에 내 생각과 태도를 바꿔주는 마법과 같은 효력이 있다. 수없이 많은 실패를 했으면서도 그때마다 다시 일어설 수 있었던 이유이기도 하다.

극도로 날 선 예민한 상태

일단 자신이 원래 계획했던 것들이 틀어지고, 심지어 망했다는 생각이 들게 되면 그때부터 사람은 크든 작든 일종의 패닉 상태에 빠지게 된다. 시쳇말로 '멘붕'이라고 할 수 있다. 이때부터는 이성적인 판단이 어려워지며 심지어 감정 조절에도 심각한 문제가 생긴다. 그런데 이보다 더 큰 문제는 벌어진 현실을 인정하고 수용하지 않으려고 한다는 점이다. 여기에는 여러 심리적인 원인이 있지만, 우선 자신의 책임을 인정하면 자존감이 심하게 타격받기 때문에 자기방어 기제가 작동하여 현실을 인정하지 않게 된다. 거기다가 실패를 다시 복구하려는 문제 해결에 대한 부담감도 자신을 짓누르게 된다. 따라서 평소에는 대인배였던 사람도 극도로 쪼그라들어 버리기 마련이다. 이런 경우 대체로 마음이 날이 선 상태라고 볼 수 있다.

당시의 나 역시 여러 가지 실패가 겹치고 힘들 때는 길거리를 지나가다가 살짝만 어깨가 부딪혀도 "저기요! 거기 좀 서보세요!"라며 신경질을 낼 정도였다. 마음에 여유가 거의 없으니 모든 것이 불만족스럽고 예민해지게 된다. 바로 이런 상태가 자기 자신의 현실을 받아들이지 못할 때 생긴다.

그런데 만약 현실에 대한 인정과 수용 없이 이런 상태가 계속해서 이어진다면 어떨까? 과연 이런 사람이 새로운 도전과 출발을 할 수 있을까? 혹은 주변 사람들과 다시 협업하면서 좋은 관계를 유지하고 어깨동무하며 난관을 이겨 나갈 수 있을까? 거의 불가능한 일이다. 결국 인정하지 못하면 그 상태에서 한 걸음도 앞으로 나아갈 수가 없게 된다. 더 중요한 점은, 현실을 인정하지 않으면 일종의 인지 부조화 상태에 빠지게 된다는 것이다. 다시 말해, 자기가 꿈꿔왔던 성공, 꽃길, 희망찬 미래가 한순간에 부정당하게 되면 스트레스를 넘어서 자기합리화를 하게 되고 심지어 현실을 왜곡하는 상태에 이른다. '이건 내 잘못이 아니라 환경 탓이야'라는 생각이 대표적이다.

진짜 신기한 것은 현실을 인정하는 순간, 새로운 마인드 세팅을 할 가능성이 현저하게 높아진다는 점이다. 폭우로 공부방이 물에 잠겨서 학부모에게 쌍욕을 듣고, 20번 이상의 실패를 한 후 완전한 무력감에 사로

잡혔다. 새로운 것에 도전할 엄두도 나지 않았다. 이제까지 늘 실패해 왔으니, 앞으로도 계속 실패할 것 같았기 때문이다. 하지만 그 순간 현실에 대한 과감한 인정과 수용, 그리고 마인드 세팅을 통해서 위기를 빠져나올 수 있었다.

눈물 속에 보였던 벤츠의 로고

앞서 말했듯 나를 한없는 절망으로 몰아넣었던 생각은 '아, 원래 나는 아무리 해도 안 되는 인간인가?'였다. 그런데 보통 이런 생각 다음에 자연스럽게 따라붙는 것은 '그래, 안 되는데 뭐 하러 하나? 그냥 포기하는 게 낫지'이다. 이러한 생각의 흐름은 너무도 자연스러워 보인다. 아무것도 안 되는 인간이 뭔가를 계속한다는 것 자체가 이상한 일이긴 해도 나는 그렇게 생각하지 않았다.

'그래, 정 그러면 딱 하나만이라도 제대로 하고 죽자.'

이런 생각은 '아무것도 안 되는 나'를 인정하는 동시에 새로운 도전을 위한 마인드 세팅이라고 할 수 있다.

그런데 이러한 생각은 묘하게도 '긍정의 무한 루프'를 만들어 내는 결과를 낳는다. 그 이후에 계속해서 실패해도 일단 하나만 하고 죽기로 결심했으니까 죽기 전까지는 계속 시도하게 된다. 이때부터 엄청나게 무식하지만, 동시에 그만큼 강력한 투지력이 생긴다. 설령 이후에 또 실패를 하더라도 '죽기 전에 딱 하나만 성공해도 되잖아!'라는 식이다. 그러니까 결국 될 때까지 계속하게 된다.

하지만 반대로 정말로 딱 하나를 해냈다고 치자. 그러면 그때 사람의 마음이라는 것이 '이제 하나 했으니까 죽자'가 될까? 절대 그렇지 않다. 누군가는 이것을 '사람의 마음은 간사하다'고 표현할지도 모르겠지만, 어쨌든 뭔가 하나를 이뤄 내면 신이 나고, 성취감을 느끼면서 두 가지, 세 가지를 하고 싶어지는 것이 자연스러운 일이다. 그런 점에서 '딱 하나만 하고 죽자'는 이 마인드 세팅은 실패와 성공에 상관없는 무적의 희망 루프라고 할 수 있다.

파트너에 의해서 큰 고통을 당했을 때도 마인드 세팅을 했다. 매일매일 옆집 영어 공부방에서 학생들이 들락거리는 "삐리릭!" 소리로 고통 받았기에 차 안에서 운전대를 부여잡고 울곤 했다. 한참을 그러고 나서 고개를 들어 눈물을 닦으면 바로 눈앞에 보이는 것이 운전대에 있는 벤츠의 로고였다. 지금 생각하면 좀 어이 없기도 하지만 이런 마음이 있었다.

'아, 그래도 벤츠 타고 다니니까 성공하긴 했구나….'

한참 울다가 겨우 눈물을 닦으면서 벤츠 로고를 봤다고 다소 위안이 되는 것은 어쩌면 유치한 생각처럼 여겨질 수도 있지만, 나의 현실을 가장 확실하게 증명해 주는 것이기도 했다. 하지만 그때 또 다른 전환을 이뤄낼 수 있었다. 이렇듯 '실패했다'가 아니라 '그래도 성공하긴 했네' 하면서 이룬 것에 초점을 맞춰 보면 새로운 용기가 솟는다.

'그래, 한 번 성공을 해 보긴 했으니까, 여기서 물러설 수는 없잖아. 다시 시작하자!'

그때부터 다시 공부방 문을 열기까지 인테리어 작업을 하면서 들리던 옆집 공부방의 "띠리릭!" 소리는 새로운 희망의 선율이 되었다.

마인드 세팅이 성공과 실패라는 대단하고 충격적인 일에만 관여하는 것은 아니다. 사소한 일상의 딜레마에서도 충분히 활용할 수 있다. 한 번은 인스타그램에 너무 많은 글을 올리는 건 아닌가 싶었다. 주변에서도 '글을 너무 올린다'는 말들이 여기저기서 들려왔다. 하지만 콘텐츠를 올리지 않으면 홍보가 되지 않으니 일종의 딜레마 상황이었다. 그때 나는 '아니야. 원래 많이 올리는 게 나라는 사람이야'라며 아무런 눈치도 보지 않고 계속 글을 올렸다. 그랬더니 어느 순간부터는 '왜 이렇게 글을 많이 올려?'가 아니라 '뭐가 좋길래 이렇게 글을 많이 올리지?'라는 반응이 생기면서 딜레마에서 벗어나고 더 많은 사람들의 흥미를 끌어낼 수 있었다.

우리는 살면서 끊임없이 실패하고, 반복적으로 딜레마에 빠질 수 있다. 아마도 나 역시 앞으로의 남은 삶 동안 또 다른 실패, 또 다른 딜레마에 빠질 수도 있다. 하지만 이제는 그것들이 전혀 두렵지 않다. 나에게는 '현실에 대한 인정과 마인드 세팅'이라는 너무도 강력한 무기가 있기 때문이다. 이를 통해서 비록 내 마음에 폭탄을 맞거나 혼란스러워져도, 화염으로 모든 것이 박살 나는 결과가 생기지는 않을 것이라 확신한다.

❗ 노빠꾸 실행력 파워 업

"모든 출발은 '인정과 수용'이다.
이미 벌어진 일은 그 누구도 뒤바꾸지는 못하기에,
일단 인정해야만 그때부터 새로운 변화가 시작될 수 있다.

그런데 인정을 하게 되면 자동으로 마인드 세팅이 된다.
이를 한 번 경험해 본다면,
인생의 훌륭한 무기를 가지게 될 것이다."

성공자는 타고난 능력자가 아니라 압도적인 인풋을 견딘 이들이다

!

"성공한 사람과 다른 사람의 차이점은
힘이나 지식의 부족이 아니라 의지의 부족이다."

- 빈스 롬바르디(미국 미식축구 코치) -

막상 무엇인가에 도전하려다 보면, 자신의 장점보다 단점이 더 많이 보일 때가 많다. 자신이 가진 조건도 열악한 것 같고, 주변에 도와줄 사람도 거의 없는 것 같으며, 거기다가 가진 돈도 별로 없다는 생각이 들면 출발부터 힘이 빠지고 완주할 수 있을지부터 걱정된다. 그럼에도 한두 번 시도해 보기는 하지만, 생각만큼 결과가 나오지 않으면 더 큰 실망감만 느낀다.

대학 시절, 방문 과외에 처음 도전할 때가 딱 이랬다. 물론 수학 교습 자체에 대해서는 자신감이 있었지만, 문제는 나의 학벌이었다. 서울 소재 대학교에도 합격하기는 했지만, 4년 전액 장학금 주겠다는 한 대학교에 입학했다. 하지만 이건 나의 사정일 뿐, 학부모들이 과외에서 제일 중요하게 생각하는 부분은 단연 선생님의 학력이다. 명문대, 그것도 소위 말하는 SKY대학이면 최적의 조건이며, 거기다가 전공까지 수학이라면 두말할 필요가 없다. 이런 기준에 비하면 나는 턱없이 부족했다. 심지어 전공은 전자공학이었다.

시간이 지나면서 불리한 조건이 하나 더 추가됐다. 2학년에 올라간 뒤 대학 중퇴를 결정하고 말았으니, 그때부터 내 공식 학력은 고졸인 셈이다. 정말로 아주 잘해봐야 초등생 수학 전문이라면 그나마 다행이다. 어느 순간 초등 전문은 물론, 중등 전문, 고등 전문, 심지어 재수 전문의 수준에까지 올랐다. 한마디로 누구를 데려놔도 다 성적을 올려주는 '올라운드 수학 공부방 원장'이 될 수 있었다. 이 모든 것을 가능하게 했던 것은 내 단점과 결점을 채워줄 '압도적인 인풋Input'이었다.

불리한 입장, 그럼 나는 어떻게 해야 하지?

보통 인풋은 머릿속에 정보나 지식을 입력하는 것을 말하고, 아웃풋은 그것들이 밖으로 출력되어 거두어지는 성과를 의미한다. 인풋이라면 보통 공부나 배움 등의 정적인 이미지를 떠올리고, 아웃풋은 그것으로 만들어지는 다소 역동적인 결과라고 여긴다. 그런데 내 생각은 정반대다. 인풋은 현장에서 땀 흘리며 경험하고, 실전에서 직접 실행하며 실패와 성공의 경험을 반복하는 것이다. 그리고 그 결과로 생겨나는 깨달음과 지혜, 노하우가 진정한 아웃풋이다. 이러한 아웃풋은 다음 번 인풋에 변화를 준다. 뭔가를 깨달았으니 이제 더 효율적이고 스마트한 방식으로 인풋을 하게 된다. 그러면 점점 가성비가 높아지고, 언젠가부터는 '하나를 보면 열을 깨닫는 경지'에 이르게 되는 것이다.

처음 공부방을 시작할 때였다. 당시 한 사이트에서는 과외 선생님을 구하려는 부모들의 글이 수시로 올라오곤 했다. 하지만 나는 사실 내세울 만한 스펙이 별로 없었다. 그러니 돈을 많이 주고 가르치기 쉬운 학생들만 골라서 선택할 입장이 아니었다.

그때부터 압도적인 인풋을 하기 시작했다. 컴퓨터 자판의 F4를 무한 반복적으로 두드리면서 새롭게 업데이트되어 올라오는 모든 글에 즉각적으로 준비된 멘트를 문자로 보내는 일이었다. 열 명, 스무 명에게 문자를 보내는 수준이 아니었다. F4의 달인이 되어 백 명, 이백 명에게 문자를 보내며 영업했다. 그렇게 하면 대략 50퍼센트의 학부모가 연락을 해왔고, 그러면 바로 전화를 걸어 무료 시범 수업 약속을 잡으면서 점차 계약을 늘리고 유료 강의를 늘려왔다. 사실 무료 강의라는 것도 인풋의 하나였다. 나를 증명할 방법이 없으니, 내 시간을 투자해서 직접 검증받겠다는 실행의 차원이었기 때문이다. 어쩌면 나보다 훨씬 학력이 좋은 사람이라면 굳이 F4를 무한 반복하며 백 명, 이백 명에게 문자를 보내는 수고는 하지 않아도 될 상황일 것이다. 그렇지만 부족한 것이 많았던 나에게는 압도적인 인풋이 유일한 방법이었다.

변변치 못한 조건을 가졌기에 그 한계를 이겨낸 방법은 '무한 반복적 F4 ➡ 문자 ➡ 상담 ➡ 무료 강의'라는 인풋이었다. 이렇게 해서 2010년 당시, 그 나이 또래로서는 상상하기 힘든 돈을 벌 수 있었다. 대기업에 다니는 직장인도 그다지 부럽지 않을 정도였다.

모르니까 해보면서 알아가면 된다

제대를 한 뒤 공부방을 다시 시작하려니 조금은 막막했다. 2년이라는 세월 동안 문제 풀이 방식을 많이 잊어버렸고, 당시 수학 문제의 트렌드에도 익숙하지 못했다. 해봤자 중학교 3학년 정도를 가르칠 수 있는 수준이었다. 그러니 그 이상의 학년은 가르칠 생각조차 해보지 않았다. 그런데 광고하던 첫날에 느닷없이 고3 학생을 받아 줄 수 있는지 문의가 들어왔다. 할까 말까 잠시 망설였지만, 과거에 했던 압도적인 인풋의 힘을 믿었다. 일단 과외를 승낙하고 그날 밤부터 인터넷 강의를 틀어놓고 밤을 새우며 고3 수학 공부를 시작했다. 당시에는 유명하다는 선생님들의 거의 모든 강의를 듣고 문제를 풀었으며, 심지어 모의고사도 수십 번씩 풀어보았다. 그리고 과외 내내 그렇게 고3 수학을 공부하면서 동시에 가르쳤다. 애초에 '고3은 받지 못한다'고 했더라면 그런 압도적인 인풋은 시작되지도 않았을 것이다.

또 한 번은 초등학생 문의가 들어왔다. 어머님은 "기초 연산부터 할 수 있을까요?"라고 여쭤보셨다. 사실 당시 초등학생은 한 번도 경험하지 않았었다. 이럴 때는 하지 않는 것이 자연스러울 수도 있었지만 그때도 이렇게 대답했다.

"물론이죠! 아마도 방문 학습지 하는 것보다는 훨씬 나을걸요?"

이런 자신 있는 대답에 어쩌면 어머님은 마음을 놓으셨을지도 모른다. 하지만 나의 마음은 그때부터 급해지기 시작했다. 바로 연산 커리큘럼을 짜기 시작하면서 준비했다. 막상 학생을 만나보니 정말로 꼬맹이였다. 의자에 제대로 앉지도 못하는 모습을 보고 교사가 아닌 부모의 역할을 해야 한다는 사실을 알게 됐다. 어느 날은 초등 여학생도 받았다. 이를 계기로 여자아이들은 또 나름의 예민함이 있어서 남자아이들과 같은 방식으로 대해서는 안 된다는 것도 알게 됐다.

이러한 수많은 실행과 압도적인 인풋이 늘어나다 보니 어느 순간 프로의 아웃풋이 만들어져 갔다. 고3 부모들이 볼 때 나는 고3 전문이고, 초등학생 부모들이 볼 때 나는 초등학생 전문이다. 처음 시작은 '그냥 중학교 3학년까지만 가르치자'라던 소박한 포부였지만, 압도적인 인풋을 통해 나의 능력치를 훌쩍 키워버린 것이다. 그때 깨달았다. '몰라서 못 한다', '안 해봐서 못 한다'는 말이 얼마나 어리석은 말인지를 말이다. 모르니까 해봐야 하는 것이고, 안 해봤으니까 해보는 것이다. 바로 이것이 진정한 성장의 비결이다.

불리하게 설계된 시스템을 이기는 방법

압도적인 인풋은 단지 '수없이 하다 보면 뭐라도 이루어지지 않겠어?'라는 의미가 아니다. 그것은 인풋과 아웃풋을 둘러싼 시스템 자체가 본래 그렇게 설계되어 있기 때문이다. 사실 인풋과 아웃풋의 관계는 그렇게 정직하거나 평등하지 않다. 약간 전문적인 용어로는 '콤플렉스 시스템Complex System'이라고 부른다. 흔히 콤플렉스라고 하면 심리학에서는 열등감을 의미하지만, 일반적으로는 '복잡하다'는 의미로 사용된다. 인풋과 아웃풋의 관계도 매우 복잡하다. 다양한 요인들이 상호작용하기 때문에 인풋에 정비례해서 아웃풋이 나오지 않게 된다.

예를 들면 100을 넣어도 10이나 20밖에 산출되지 않고, 심지어 0.5가 나올 수도 있다. 우리의 입장에서 보면 참 억울하다. 열심히 실행해보았지만, 그에 비례하게 결과가 나오지 않으니 내 노력이 헛된 것처럼 보이고 쓸데없이 시간만 보냈다고 여겨지기 때문이다. 바로 여기에서 실망과 좌절의 포인트가 생성된다. '야, 이거 100을 넣었는데 0.5 밖에 안 나와? 이런 짓을 왜 하냐?'라는 생각이 들기도 한다.

그런데 사실 99.5가 아무 의미 없이 사라지는 것이 아니다. 그것은 나의 드러나지 않는 무의식에 쌓여가기 시작하고, 작은 습관으로 스며들면서 이제 곧 폭발적인 큰 아웃풋의 시발점이 되어준다. 이런 과정이 반복되면 어느 순간 0.5만 넣었는데도 100이 튀어나오는 놀라운 결과로 이어진다. 우리가 보는 '능력자'들은 대단한 사람이 아니다. 단지 지루하고 무모해 보이는 압도적인 인풋을 견딘 이들일 뿐이다.

! 노빠꾸 실행력 파워 업

"인풋은 단순히 지식과 정보를 주입하는 것만이 아니다.
실행을 통해 이루어지는 반복적인 실패와 성공,
그리고 좌절이야말로 진정한 인풋이다.
처음에는 그것이 정직한 아웃풋을 만들어내지 않는다고 실망할 수도 있다.
하지만 압도적인 인풋은 결국 우상향하는 결과를 만들어내게 되어 있다."

불안은 실행의 장애물이 아니라 진정한 실행 에너지다

!

"시작하는 방법은 그만 말하라.
이제는 무조건 실행해야 한다."

- 월트 디즈니(디즈니 창업자) -

성공한 사람들을 보면서 하게 되는 가장 큰 착각 중 하나는 그들의 일상이 평온하고 안정적이며, 늘 행복을 만끽할 것이라는 것이다. 돈도 있고, 직원도 있으며, 이미 회사는 시스템이 잘 갖추어져 있으니 그저 관리만 하면 된다고 여긴다. 하지만 그것은 그저 겉모습만 보고 하는 단편적인 생각에 불과하다.

그들은 일반인보다 훨씬 더 많은 불안감과 책임감, 자신의 사업 반경 곳곳에서 생겨나는 문제들을 해결해야만 한다. 중소기업 사장에게는 그 수준의 어려움이, 재벌 기업 사장에게는 재벌급 골치 아픈 일들이 생긴다. 우리나라 기업 중에서 소송전을 제일 많이 벌이는 회사가 삼성그룹이라는 이야기를 들은 적 있다. 많은 돈을 번다는 것은 그만큼 더 해결해야 할 문제가 많다는 것을 의미한다.

여전히 나 역시도 정말 정신적으로 후유증을 겪을 만큼 적지 않은 문제가 생기고, 또 앞으로 어떤 일이 생길지 불안하다. 하지만 이 문제를 해결하는 방법이 있다. 그것은 바로 불안 속에 담겨 있는 빛나는 에너지를 내 실행력의 원동력으로 삼는 것이다. 불안은 비록 부정적인 감정이기는 하지만, 그 방향을 어디로 바꾸느냐에 따라 얼마든지 나를 앞으로 밀어내는 추진력이 될 수 있기 때문이다.

파병 군인들이 겪는다는 PTDS를 넘어서는 법

공부방에서 어느 정도 성과를 달성하자, 그때부터는 본격적인 학원 경영으로 넘어갔다. 그런데 당시 가장 먼저 슬금슬금 닥쳐왔던 불안은 월세였다. '한 달 150만 원이나 되는 월세를 벌 수 있을까? 내지 못하면 어쩌지? 카드 현금서비스 한도가 안 되면 어떻게 하지?'

2025년 현재, 전국에 여러 사업장을 가진 내가 내야 하는 월세는 한 달에 3,500만 원 정도이다. 어쩌면 과거의 내가 지금의 나를 미리 봤다면 "와, 한 달에 그 정도 월세를 낼 수 있는 것만 해도 대단한 거 아니야?" 라고 했겠지만, 사실 지금도 여전히 불안하다. 결국 과거에도, 그때보다 20배나 넘는 월세를 내는 지금도 불안하긴 마찬가지다.

그러면 나만 그럴까? 그렇지 않다. 대부분의 사람은 자신만의 불안을 안고 살아간다. 이는 실질적인 통계가 증명한다. 2024년 7월에 발표된 국립정신건강 센터의 보고에 따르면, 국민 열 명 중 일곱 명이 최근 1년간 심각한 스트레스를 받고 우울감을 느꼈다고 한다. 더구나 매년 이런 수치는 더 높아지고 있다. 아마도 사업을 하는 분이라면, 그리고 자신의 꿈을 향해 달려가기 위해 노력하는 이들이라면 이런 스트레스와 우울감의 수치는 더욱 높을 것이라고 본다.

컨설팅하면서 원장님들의 이야기를 들어보면 그분들은 높은 강도의 스트레스를 호소한다. 평온한 날이라는 것은 존재하지 않는다. 학생의 문제, 학부모의 문제, 강사의 문제 등 꼭 하루에 하나씩 골치 아픈 일들이 터진다고 한다. 여기에서 원장님들이 "골치 아프네"라고 말하는 이유는 해결 방법이 딱히 없는 문제들이기 때문이다. 누군가의 100퍼센트 잘못이라고 하기에는 애매하고, 또한 이야기를 들어보면 상대방의 입장이 어느 정도 이해는 가지만, 그렇다고 그 입장을 모두 받아들일 수도 없는, 참으로 곤란한 문제들이 적지 않다.

물론 그런 원장님들의 말을 이해한다. 그렇다고 그게 대단한 일이라고 느껴지지는 않는다. 그들의 심정을 헤아리지 못해서가 아니라, 나에게는 그런 일들이 매일 10건 정도는 생기기 때문이다. 그러다 보니 내 감정이 쓰레기통이 되는 일이 한두 번이 아니다. 어느 학원이나 정말로 말로 설득이 되지 않는 학부모들이 꼭 한두 명 정도는 있다. 그런 분들과 대화하다 보면 정말로 파병을 다녀온 군인들이 겪는다는 외상 후 스트레스 장애PTSD를 느낄 정도다.

내가 일하는 곳이 실제 총알이 날아다니는 전쟁터는 아니지만, 그만큼 격하고 거칠며 난감한 일들이 숱하게 일어나는 곳이다. 정말로 나의 마인드가 약하거나 성격 자체가 내성적이었다면 아마도 진즉에 사업을 접었을지도 모른다. 하지만 그런 일들을 겪는다고 현재 하는 사업을 멈출 수도 없고, "에이, 나 성공 안 할래!"라고 할 수도 없다. 매달 밀려오는 카드값, 3,500만 원에 달하는 월세, 그 이상에 달하는 직원들 월급까지 생각하면 '포기'라는 말도 사치일 뿐이다.

불안을 실행 에너지로 바꾸는 법

나는 불안도 긍정적이면서도 발전적인 에너지로 바꾸기로 했다. 골치 아픈 일이 닥치면 딱 5분 정도만 고통스러워하다가 마인드를 바꿔서

속으로 이렇게 외친다.

"그래, 사업은 원래 그런 거야. 사람들의 불편을 해소해야 내가 잘 되는 거야."
"이 사람들의 문제를 해결해 주면 더 돈을 잘 버는 거 아니겠어?"
"더 만족스럽게 살기 위해, 이까짓 문제는 깔끔하게 해결해 주자!"

이렇게 불안을 나의 실행 에너지로 삼겠다고 마인드를 전환하면 그때부터는 완전히 다른 경지가 펼쳐진다. 문제 해결을 위해 두뇌는 풀 가동되고 손과 발이 움직이면서 어떻게든 하나씩 해결해 나가게 되며, 그 안에서 조금씩 성취감도 생기면서 불안에 잠식당하지 않고, 활력을 조금씩 되찾아 가게 된다.

처음에는 이런 마인드 전환이 쉽지 않았다. 문제가 생기면 습관적으로 좌절감부터 찾아왔고, 그 감정에 휩쓸려 시간을 낭비하곤 했다. 하지만 불안과 좌절을 반복적으로 경험하면서 깨달은 것은, 그런 감정이 나를 무력하게 만들고 더 최악의 상황이 조성된다는 점이다. 특히 그 과정에서 감정적 소모가 클수록 나의 에너지는 급격히 줄어들었다.

실제 심리학에서도 불안이라는 감정을 잘 다룬다면 꽤 강력한 에너지로 전환될 수 있다고 한다. 애초에 불안 자체는 '지금 무엇인가를 시작해야 할 때야!'라는 것을 알려주는 신호이다. 그래서 무작정 불안에서 회피하는 것은 오히려 자신의 실행력을 떨어뜨리는 일이 된다. 차라리 그 불안을 정면으로 겪안 때 진정한 실행력이 생겨나게 마련이다. 성공한 사업가들의 이야기를 들어보면, 그들도 끊임없는 불안과 위기를 경험했지만 그것을 두려움으로 받아들이기보다는 성장의 기회로 활용했다는 공통점이 있다. 위기가 찾아올 때마다 그들은 자신의 한계를 넘어서고 새로운 해결책을 찾아내는 능력을 키웠다. 캐나다의 한 SF 작가는 이런 이야기를 한 적이 있다.

"불안은 나의 힘이다. 그것은 나를 앞으로 나아가게 한다."

사실 우리는 살면서 '선택할 수 있는 일'보다는 '선택할 수 없는 일'을 훨씬 더 많이 경험한다. 나를 짜증 나게 하는 것들, 불편하게 하는 것들을 내가 선택적으로 일어나게 하거나 일어나지 못하게 할 수는 없다. 하지만 그러한 일들에 대한 나의 반응과 대응 방식은 얼마든지 선택할 수 있다. 불안과 마주하는 순간은 삶의 전환점이 된다. 가장 불안했던 시기에 오히려 가장 큰 성장을 이루었고, 그 불안을 통해 얻은 에너지로 새로운 도전을 시작할 수 있었다. 이렇듯 불안은 우리가 현재 상태에 안주하지 않고 더 나은 방향으로 나아가야 한다는 신호이기도 하다.

불안이나 스트레스를 비롯한 온갖 부정적인 감정들이 자신을 덮칠 때, 그것을 또 하나의 에너지가 나에게 다가오는 기회라고 여기기 바란다. 이제 그 에너지에서 무엇을 뽑아내서 어떻게 사용할지는 나의 자유로운 선택일 뿐이다. 이는 우리가 평생 살아가면서 느끼게 될 불안과 스트레스에 대처하는 매우 현명한 방법이며, 하루하루를 고행이 아닌 즐거운 여정으로 만들어줄 것이다.

노빠꾸 실행력 파워 업

"부정적인 감정이라고 해서 쓸모없는 것은 아니다.
또한 쉽게 피할 수도 없다. 그럴 때는 오히려 그것을 활용해 보자.
순간적으로는 나를 고통스럽게 만들지라도,
그 감정을 동력 삼아 실행에 박차를 가할 수 있다."

길이 보이지 않는다 싶으면, 피지컬로 뚫고 나간다

!

"계속 전진해라. 다른 사람이 뭐라든 신경 쓰지 말고,
너 자신을 위해 해야 할 일을 해라."

- 조니 뎁(미국 영화배우) -

무슨 일을 하건 성공을 거두기 위해서는 '전략적 사고가 필요하다'고 한다. 이는 '목표를 효과적으로 달성하기 위해 자원과 기회를 최적화하는 과정'이다. 어차피 나 자신이 가진 능력과 나에게 주어진 기회는 한정된 것이니, 그것으로 성공이라는 것을 하기 위해서는 '머리를 잘 써야 한다'는 의미라고 받아들일 수 있다. 이렇게 보면 '전략적 사고'라는 말 자체로 뭔가 매우 똑똑해 보이고, 상당히 효율적이며, 성공으로 가는 쾌속 지름길인 것처럼 느껴지기도 한다. 물론 나 역시 예나 지금이나 이런 전략적 사고를 수시로 했을 것이며, 또 지금도 하고 있다.

그런데 처음부터 너무 전략적 사고에만 신경 쓰다 보면 아예 출발도 못하는 일이 허다하다. 그것은 오히려 실행의 구체적인 과정에서 생기는 문제를 해결해 나가는 순발력에 더 가까운 것이라서, 처음부터 너무 전략적 사고를 염두에 두면 시작 자체가 버거워지는 상황에 처할 수 있다.

정답과 비결을 찾아 헤매는 이들

"무식하면 피지컬로 뚫고 나가라."

이는 내가 가끔 사람들에게 하는 말 중 하나다. 이 말은 '당신 머리가 안 되니까 몸을 쓰라'는 폄하의 의미는 전혀 아니다. 사실은 나 자신이 과거에 이런 태도로 성공의 기반을 잡았기 때문이다. 과외에 대해서 아는 것이 너무 없었고, 주변에 배울 사람도 없었다. 설령 배운다고 하더라도 그건 피상적인 것이지, 실제 실행에 노련한 사람들이 알고 있는 진정한 노하우일 리도 만무했다. 그래서 그냥 온몸으로 부딪히기로 했다. 그중에서도 가장 무식했던 건, 2010년대 방문 과외 시절의 '수원~평택 4시간 왕복 사건'이다.

당시 살던 수원에서 과외를 하는 학생의 집인 평택까지 무려 4시간이나 소요됐다. 그때 수원역에서 평택에 가는 버스는 한 시간에 한 대가 있었는데, 그때만 해도 지금처럼 버스 시간이 정확하지 않았다. 그러다 보니 왕복 5시간이 걸리는 일도 있었다. 단지 '5시간'이 문제가 아니다. 그 시간 동안 소모해야 하는 체력까지 생각하고, 다시 회복되는 시간까지 감안한다면 그냥 왕복 8~9시간 과외라고 생각하면 될 것이다. 따지고 보면 이건 미친 짓이다. 이런 과외는 사실 하지 않는 게 정답이다. 하지만 나는 기를 쓰면서 했고, 또 그래야 한다고 여겼다. 한 명 한 명의 학생이 돈으로 직결되는 것이기도 했지만, 아직은 모르는 것이 많기 때문에 그런 짓을 하면서까지도 배우고 익혀야 한다고 생각했다.

이런 것들이 쌓인 대가는 무척 달콤했다. 대학생 시절에 이미 중대형 평수의 아파트에서 편안하게 살 수 있었고, 결국에는 그토록 원하던 자동차까지 타게 될 수 있었기 때문이다. 이러한 과정을 거치면서 스스로 무식하면 피지컬로 뚫고 나가는 일이 얼마나 중요한 것인지를 깨달을 수 있었다.

사실 우리는 뭔가 잘 모르는 것에 맞닥뜨리거나 전혀 훈련되지 않은 상황에 처하게 되면 그때부터 머리에서는 '정답', '비결', '지름길'이라는 단어를 떠올린다. 어찌해야 할 바 모르는 이 당황스러움에 누군가 정답과 비결을 알려주면 너무나도 행운처럼 느껴지지 않는가. 요즘에는 많은 사람이 이러한 정답과 비결을 유튜브에서 찾으려고 한다. 물론 일정한 힌트를 주는 콘텐츠도 있지만, 때로는 사람들의 이러한 마음을 악용해 조회 수나 올리려는 부실한 콘텐츠를 올리는 경우도 적지 않다. 하염없이 유튜브를 돌려봐도 결국 명쾌한 비결과 정답을 얻지 못하게 된다.

이럴 때에는 아예 처음부터 '비결과 정답은 없다'라는 전제하에 자신을 믿고 스스로 만들어 나가야만 한다. '내가 내리는 답이 정답이며, 내가 선택하는 방법이 비결'이라고 여겨야 한다는 말이다. 여러 시행착오를 거치면서 계속해서 오답을 걸러내고, 실수를 걷어냈을 때 온전히 자신에게 남는 것, 그것이 바로 나만의 정답이자 비결이 된다. 결국 이러한 단계에 이르기 위해서라도 무작정 피지컬로 뚫고 나가는 인내의 과정이 필요하다.

전략적 사고란 거창하지 않다

그렇다고 '피지컬로 밀고 나가라'고 해서 처음부터 끝까지 아무 생각 없이 무모하게 돌진하라는 것은 결코 아니다. 나도 과외가 처음이니까 4시간 왕복을 했지, 지금도 그 시간을 들여 과외하고 있다면 이건 미친 짓이 아니라 그냥 멍청한 것이다. 따라서 피지컬로 밀고 나가는 것은 처음에 실행을 너무 어렵게 하지 않는 용도로만 활용해야 한다. 전략적 사고를 한답시고 수개월째 방법만 찾고 있다면 그것 역시 멍청한 짓이 아닐 수 없다.

전략적 사고란, 사실 순발력과 임기응변에 가까운 것이다. 일단 실행을 하고 피지컬로 밀고 나가면 스스로 문제라고 생각하는 일이 생기게 된다. 전략적 사고란 바로 이런 일을 그때그때 해결해 나가는 것이다. 다시 말해 전략적 사고라는 것을 엄청 대단한 것이라고 여길 필요는 없다. 자신의 형편에 맞게 가장 요긴한 방법으로 닥친 문제를 해결해 가고, 최소화하는 게 바로 전략적 사고이다.

2011년경, 군에 입대하기 직전 여러 방문 과외를 하던 시기였다. 서울에 있는 학생을 가르치기 위해 한 번 서울에 올라오면 강남역을 중간 플랫폼으로 삼아 이곳저곳 전철을 타며 돌아다녔다. 그러니까 강남역은 때에 따라 하루에 2~3번도 오가는 곳이었다. 이렇게 장시간 전철을 타고 다니니 곤란한 점이 있었는데, 바로 화장실을 찾는 일이었다. 표지판을 따라서 한참을 헤매다 보면 시간이 낭비되곤 했다. 그래서 시작한 게 '강남역 인근 화장실 지도'를 그리는 일이었다. 나의 동선에 맞춰 인근의 빌딩 중에 개방되어 있는 화장실, 그리고 강남역 내에서 각 출구 쪽에서 가장 가까운 화장실 전부를 찾아내서 외워버렸다. 이로써 화장실을 찾아야만 하는 곤란함에서는 완전히 해방됐다. 다음부터는 굳이 '화장실이 어디지?'라는 생각 자체를 할 필요가 없었고, 자연스레 시간도 절약할 수 있었다.

이렇듯 사소하지만 하나씩 문제를 순발력 있게 해소해 나가는 것이 바로 전략적 사고이다. 사실 우리가 기업을 사고파는 대형 M&A를 할 일도 없고, 외국의 적대적 헤지펀드로부터 방어해야 할 일도 없지 않은가? 그러니 우리가 해 나가는 전략적 사고란 결국 당장 자신 앞에 놓여 있는 약간 골치 아픈 일들을 하나씩 해결해 나가는 것에 불과하다.

그러니 결국 무엇인가 목표를 잡고 성공을 꿈꾼다면 일단은 강한 피지컬로 밀고 나가는 일이 첫 번째다. '1만 시간의 법칙'을 들어봤을 것이다. 결국 이 법칙도 1만 시간에 해당하는 압도적인 피지컬로 밀어붙인다는 것을 의미한다. 이 과정에서 종종 생기는 문제들을 조금씩 해결해 나가면 충분한 일이다. 거기다가 정말로 생각이 없는 사람이 아니라면, 대부분 실제 실행의 과정에서 부딪히는 실질적인 문제들을 어떻게 해결해 나갈지는 본인 스스로가 깨달을 수밖에 없다. '아, 이렇게 하니까 되네?', '아, 이건 해도 안 먹히는구나'라는 정도만 깨달을 수 있어도 이미 전략적 사고를 하고 있는 것이다.

❗ 노빠꾸 실행력 파워 업

"노하우나 지식이 없으면 몸으로 때워야 할 때가 있다.
특히 초보자일수록, 아직은 고성과를 달성하지 못한
사람일수록 이런 일은 흔하다.
하지만 누구나 인생에는 이런 시기가 있어야 한다.
그 시기를 묵묵히 견뎌 나가면 결국 나중에는
지식과 지혜로 승부할 수 있는 날이 오게 마련이다."

'내 것, 내 방식'을 만드는 실행-수정-보완

!

"나는 다른 이들의 꿈의 경계에서 내 인생을 살아가는 일을 그만둘 것이다.
그리고 내 꿈을 살아갈 것이다."

- 앤 오스터 룬드(미국 소설가)-

무언가를 굉장히 열심히 해도 큰 발전 없이 쳇바퀴를 도는 사람이 있는 반면, 조금만 해도 빠르게 성장하고 발전하는 사람들이 있다. 이 두 사람은 실행력 자체에서는 큰 차이가 없지만, 문제는 그다음 단계부터이다. 빠르게 성장하는 사람은 실행의 단계에서 깨달은 문제를 계속해서 공부하면서 수정과 보완을 거치며 주도면밀하게 초점을 맞춰 나가지만, 그렇지 못한 사람은 늘 비효율적이고 반복적인 실행만 하면서 점차 힘이 빠질 수밖에 없다.

이제까지 중요하게 언급했던 실행력은 무척 필요한 것이지만, 그것에만 멈춰서는 성장과 발전으로 나아가지 않는다. 경험치가 낮은 사람일수록 초기의 실행력 발휘에 이어 끊임없이 수정과 보완을 통해 레벨업 단계로 진입해야 한다. 그래야 앞으로 나아갈 수 있고, 성장의 기쁨을 맛볼 수 있다. 실행력이 엔진이라면, 수정과 보완은 액셀과 운전대이다. 이것이 삼위일체를 이루지 못하면 우리는 그냥 공회전 상태에 머물 뿐이다.

업무의 효율을 높이는 맞춤형 독서

지금까지의 내 삶을 단 한마디로 요약하자면, '끊임없는 실행-수정-보완을 통해서 내 것, 내 방식을 만들어 왔다'이다. 여기에서 제일 중요한 것은 최종적인 '내 것, 내 방식'이라는 말이다. 이것은 남들과 확실하게 차별화되는 나만의 노하우와 방법을 의미하며, 나의 성격과 스타일에 최적화된 무기를 말한다. 그런데 이를 위해서라도 실행 이후의 수정과 보완 방법은 필수적이다.

군대에 다녀온 남성이라면 '영점 조정'이라는 말을 알 것이다. 사격할 때 총을 지급받는다고 해서 누구나 과녁을 맞힐 수는 없다. 내 총의 조준점과 과녁의 탄착점이 일치하도록 조절해야만 한다. 몇 차례 쏘다 보면 가늠자와 가늠쇠를 어떻게 조절해야 하는지 알 수 있다. 실행한 다음에 계속해서 수정과 보완을 하는 것은 곧 이러한 영점 조정과 같은 역할을 한다. 실행은 말 그대로 실행일 뿐, 그 과정에서 생기게 되는 오류와 착각, 실제 적용 과정에서의 문제점은 결국 하나둘씩 드러나게 된다. 이를 계속해서 조정하면서 다음번 실행을 해야만 최종적으로 '내 것, 내 방식'을 만들 수 있다.

물론 이렇게 하기 위해서 스스로 무엇이 문제인지 깨달을 수도 있지만, 만약 그러지 못하면 시간이 지체되고 노력이 만들어내는 효율이 반감될 수 있다. 그래서 필요한 것이 스스로 깨달으려는 노력과 함께 책과 사람으로부터 배우면서 깨닫는 일이다. 나 역시 이제까지 책과 사람의 도움을 받으면서 공부했고, 이를 수정과 보완을 위한 자양분으로 삼았다.

우선 '성공을 위해 독서가 중요하다'는 말은 많이 들어봤을 것이다. 그래서 다소 진부하고 뻔한 소리처럼 들릴 수도 있겠지만, 이는 곧 독서가 기본 중의 기본이며, 모든 것의 출발점이라는 사실을 말해준다. 내 경험에 의하면 독서를 더욱 효율적으로 만들기 위해서는 두 단계로 진행하는 것이 좋다. 초기에 독서량도 많지 않고 사회 경험도 별로 없을 때는 원하는 분야에서 개괄적인 내용을 다루는 책을 읽어야 한다. 말 그대로 입문서를 찾아내고 거기에서 시작한다.

특히 필요한 것은 동기부여를 할 수 있는 책과 세상이 돌아가는 이치를 알게 해주는 경제학이나 심리학 분야를 읽는 것이다. 접해보지 않았던 분야라도 쉬운 단계의 책부터 읽어나가다 보면 경제와 심리의 세계로 차분하게 접근해 나갈 수 있을 것이다. 자신이 원하는 특정 분야에서 20여 권의 책을 읽으면 대략 전체의 그림을 그릴 수 있다. 이렇게 한 다음에는 이제 자신에게 부족한 부분만을 타깃으로 읽어나가면 된다.

우리에게는 독서 시간이 무한정 주어져 있지 않다. 한정 없이 책만 읽고 있을 수만은 없지 않은가. 따라서 마치 나에게 결핍된 영양소만을 찾아내 그에 맞는 음식을 먹듯, 부족한 부분만 찾아내서 채워야 한다. 이때부터는 한 권의 책을 전부 다 읽지 않아도 된다. 단 하나의 챕터도 충분하며, 전체 한 권의 책에서 단 하나의 글만 읽어도 좋다. 이렇게 하면 시간도 절약되는 맞춤형 독서를 하게 된다. 나 역시 사업을 하던 초창기에는 많은 시간을 독서에 투자했지만, 이제는 시간이 부족하고 어느 정도의 경험치도 쌓였기 때문에 꼭 필요한 부분의 책만 읽고 있다.

더 배우고 성장하기 위한 진짜 만남

이렇게 책에서 배우는 과정을 진행하면서 동시에 사람에게 배우는 일도 함께 해나간다. 나는 처음부터 사람에게 배우는 과정의 필요성을 느끼고 상당한 공력을 들였다. 예를 들어 지금 운영 중인 학원의 수강생이 오십 명인데, 삼백 명으로 키우고 싶다고 해 보자. 그렇다면 가장 빠른 방법은 뭘까? 비슷한 오십 명의 수강생을 가진 원장일까? 그렇지 않다. 이미 내가 가고 싶은 꿈을 이룬 사람, 오백 명의 수강생을 가진 원장일 수밖에 없다. 이미 그것을 이뤄낸 사람에게 배우면 훨씬 빠르고 효율적이며, 기존에 내가 진행했던 방법에 대한 수정과 보완은 혁신적으로 이루어지게 된다.

2017년, 학원 운영에 실패했을 때 대치동에 있는 한 원장님에게 배우고 싶어 무작정 연락을 드린 일이 있었다. 물론 이런 분들은 대개 돈을 받고 컨설팅을 해주지 않는다. 하지만 비용을 내면서라도 배우려는 마음에 일정한 금액을 건네기도 했다. 또 이후에는 한 대치동 학원 원장님에게 부탁해서 워크숍에도 함께 갈 수 있었다. 당시 나는 과연 '대치동 강사'는 어떤 이들인지 무척 궁금했다. 대한민국 사교육의 중심부에 있는 사람들은 도대체 어떤 대화를 하고 어떤 방식으로 강의를 진행하는지 정말 알고 싶었다. 그래서 워크숍에서 함께 어울리면서 놀고, 함께 먹고 마시면서 그들의 모습을 관찰하며 조금씩 대치동 스타일을 알아나갔다. 결국, 사람을 통해 배우며 단기간에 성장할 수 있었다.

다만 많은 전문가는 '은둔의 고수'라는 점을 알아야만 한다. 이들은 인터넷에도 거의 자기 모습을 드러내지 않아서 찾기가 매우 어렵다. 이미 자신의 분야에서 충분한 성공을 한 사람들이기 때문에 굳이 드러날 이유도 없기 때문일 것이다. 그런데 어떻게 해서든 그런 사람들을 찾아내서 접근하고, 배우기를 간청하면 의외로 쉽게 그런 분들을 만날 수도 있다.

이렇게 책과 사람을 통해 배우는 과정을 거치면서 가장 중요한 점은 앞에서도 이야기했듯이, 최종적으로 '내 것, 내 방식'을 압축하고 추출해내는 일이다. 책을 읽는다는 것은 단순히 글자를 읽는 일이 아니다. 글을 읽고 그 내용을 다시 나의 머리로 생각하고 세상에 적용해 봤을 때 진정으로 독서가 완성된다. 사람에게 배우는 것도 동일한 이치다. 우리는 아기가 어른들을 흉내 내듯 단순히 그들의 행동이나 말을 모방하기 위한 것이 아니다. 저 사람이 왜 저런 행동을 하고, 말을 하는지에 대한 근원적인 이유를 관찰한 다음 나에게 적용하기 위한 것이다. 따라서 이 모든 배움의 과정 끝에는 결국 '내 것, 내 방식'이 있어야 한다는 사실을 인지하고, 이러한 결과를 만들기 위해 노력해야만 한다.

불교에는 '부처를 만나면 부처를 죽여라'는 말이 있다고 한다. 부처님이라면 불교에서 지존의 위치인데, 부처를 죽이라니 섬뜩하기도 하다. 아마도 이 말의 진정한 의미는 부처님의 말씀에서부터 공부하지만, 결국에는 자신만의 방식으로 깨달음을 얻고 그것을 통해 해탈하라는 의미이다. 성공해 나가는 과정도 그러하다. 결국에는 내가 읽었던 책을 죽이고, 내가 만났던 멘토를 죽이는 단계에 이를 수 있을 때, 진정한 '내 것, 내 방식'이 완성될 수 있게 된다.

!
노빠꾸 실행력 파워 업

"세상의 모든 분야에서 모방은 창조의 어머니다.
책과 사람으로부터 배우는 과정에서 처음에는 모방의 단계에 머물겠지만,
시간이 흐르면서 그것을 완전히 나의 것으로 만들어야 한다.
그리고 이렇게 내 것을 만들어 가는 과정 자체가
끊임없이 수정하고 보완하면서 나에게 최적화된 무기를 만드는 과정이 된다."

혼자 해도 이길 수 있지만,
챔피언이 되려면 팀워크가 필요하다

!

"재능은 게임을 이기게 한다.
그러나 팀워크와 이해력은 챔피언을 만든다."
- 마이클 조던(농구 선수) -

너무 짧은 시간 내에 성공과 실패, 희망과 좌절의 롤러코스터를 경험하다 보면 사람의 내면이 갑자기 변할 수 있다. 가진 것을 지키기 위해 지나치게 돈에만 집착하게 되고, 의심 가득한 눈으로 사람들을 바라보며 교류를 꺼리게도 된다. 특히 그동안 사람에 의한 상처도 받았을 것이니, 어쩌면 이런 변화가 자연스러울 수도 있다. 나 역시 비슷한 과정을 거치기는 했지만 나에게 변함없이 가장 소중하게 남은 것은 다행스럽게도, 바로 '사람'이었다. 사람에 의해 상처를 받기도 했지만, 함께 주고받는 도움과 새로운 가치를 만들어가는 그 벅찬 보람과 감동은 여전히 나를 지탱하고 움직이게 하는 궁극의 힘이다. 혹독한 환경에서 살아가는 생존력은 자기 자신의 실행력에 의해서 결정되기도 하지만, 이와 함께 주변 사람들과 단단한 믿음과 협력의 성을 쌓아갈 때, 성공을 넘어 챔피언의 길로 나아갈 수 있게 된다.

공적인 관계가 더 딥Deep한 이유

나는 사적인 관계보다 공적인 관계를 더 좋아한다. 보통 이렇게 말하면 누군가와 친하게 지내다가 감정이 다치는 일을 꺼려하고, 차라리 공적인 관계가 더 좋다고 말한다고 여길 수도 있다. 하지만 공적인 관계를 더 좋아하는 이유는 이런 것들이 아니다. 오히려 사적인 관계보다 더 깊고, 오래된 인연을 만들어 나갈 수 있기 때문이다.

사적인 관계의 대표적인 사례라면 단연 학창 시절의 친구나 사회생활하면서 허물없이 만나는 사이일 것이다. 이런 사적인 관계는 의외로 자주 만나거나 깊은 소통을 하기 힘들다. 오랜만에 만나서 소주 한잔할 수는 있겠지만, 아주 가까운 동네 친구가 아니고는 한 달에 한 번 만나는 것도 자주 보는 것이라고 할 수 있다. 깊은 대화를 할 수도 있겠지만, 의외로 약점을 드러내지 않기 위해서 자신을 포장할 가능성도 있다. 더군다나 지난주에 만나 안부를 물었는데 이번 주에 전화해도 또 안부를 물을 일도 없다. 사적인 관계가 마음은 편할 수 있지만, 분명 일정한 한계도 있을 수 있지 않은가.

그런데 공적인 관계는 다르다. 일의 진행 정도에 따라서 매주 만날 수도, 매일 통화할 수도 있다. 이런 면에서도 본다면 더 돈독한 관계는 사적인 관계가 아니라 공적인 관계일 수 있다. 거기다가 사업 상의 특정한 문제를 해결하다 보니 포장하거나 가리는 것 없이 적나라한 의사소통을 해야만 하고, 이 과정에서 오히려 인간적인 면을 느낄 수도 있다.

더 나아가 사적인 관계와 가장 많이 다른 점은 이러한 관계를 통해 무언가 새로운 결과물이 생긴다는 점이다. 그것은 돈일 수도, 새로운 사업 아이템일 수도 있다. 이렇게 새롭게 창조되는 부분이 생기는 일은 사적인 관계에서는 쉽게 느낄 수 없는 부분이기도 하다.

만약 엄청난 부자가 되어서 더는 일을 할 필요도, 사람을 만날 필요도 없다고 해 보자. 그냥 이제까지 번 돈으로 평생 혼자서 외국 여행을 다니면서 살아도 된다고 말이다. 그런데 정말 내가 그런 상태가 되면 아주 심각한 정신적 문제를 겪을 것 같다. 그래서 '혼자 사는 엄청난 부자'를 선택하기보다는 여전히 사람과 함께 일할 수 있는 지금의 상태를 선택할 확률이 매우 높다. '사람과 엮인다'는 표현은 다소 부정적이다. 귀찮고 힘들며 굳이 만들고 싶지 않은 관계를 말하지만, 나는 사람과 일로 엮이기를 무척 좋아한다. 가능하면 지금보다 훨씬 많이, 깊게 더 엮이고 싶다. 그래서인지 누군가와 연속성이 없는 하나의 프로젝트를 진행해야 할 때 스트레스를 받는다. 해당 프로젝트가 끝나면 더 이상 그 사람을 만날 필요가 없다는 의미가 담겨 있어서이다. 나로서는 서운한 일이다. 그래서 계속해서 그 사람과 일을 만들고, 또 만든다.

평범한 사람이 비범해지는 법

학원 리브랜딩 사업을 전개하면서 원장님과 새벽까지 대화를 나누다 보면 갑자기 엉뚱한 방향으로 흐를 때가 있다. 처음에는 학원의 어떤 문제를 해결하기 위해서 대화를 시작하지만, 사업 이야기를 넘어 미래에 대한 꿈, 인생의 의미, 심지어 가족과의 관계까지 나누게 되고 어느 순간 원장님이 다음에 할 수 있는 직업에 관해 대화하고 있다. 어떻게 보면 무의식 중에 계속해서 그 원장님과 함께 일하고 싶은 마음이 있기 때문일 것이다.

무엇보다 나는 좋은 사람들과 새로운 가치를 함께 만들고, 그것을 성과로 만들어낼 때 큰 힘을 얻는다. 리브랜딩을 하면서 하나씩 문제를 해결해 나가다 보면 점점 더 혈색과 안색이 밝아지는 원장님의 모습을 보곤 한다. 나의 조언으로 그분의 성과가 확연하게 높아졌기 때문이다. 하지만 사실 더 큰 보람과 감동을 얻는 사람은 오히려 나다. 그들의 얼굴을 볼 때마다, '아, 내가 이래서 일을 하고 있구나'라는 생각이 전율처럼 온몸을 타고 흐른다. 단순히 돈을 버는 것을 넘어 누군가의 삶에 실질적인 변화를 가져다준다는 것, 그것이 이 일을 계속하는 가장 큰 이유이기도 하다.

좋은 사람들과 했을 때 또 하나 좋은 점은 결정적인 위기가 있을 때라면 그분들도 도움을 준다는 사실이다. 학원이 힘들 때마다 학부모님들이 입소문을 내주면서 도움을 받았던 적이 꽤 있었다. 사실 누군가를 대가 없이 도와주는 일은 쉽지 않다. 하지만 그럼에도 부탁하지 않고, 예기치도 않았을 때 도와주시는 많은 분들을 만났다. 이런 경험은 내게 비즈니스 관계의 진정한 의미를 다시 생각하게 했다.

어쩌면 나 역시 누군가가 힘들 때 도와주는 이유는 모두 그분들에게서 받은 선한 영향력 때문이다. 어떤 사람들은 '인생은 독고다이'며 '어차피 혼자 살아가는 게 인생'이라고 말하지만, 그건 인생에서 닥친 문제를 오롯이 자신의 힘으로 뚫고 나가라는 것이지, 혼자 외롭고 고독하게 살아가라는 의미는 아니다.

나는 그래서인지 '팀워크'라는 말을 좋아한다. 미국의 한 기업가는 '팀워크는 평범한 사람들이 비범한 결과를 얻을 수 있도록 하는 연료이다'라는 말을 한 적이 있다. 되돌아보면 정말 진리이다. 자신을 평범한 사람이라고 생각할수록, 더욱 사회적인 팀워크를 이루기 위해서 노력하는 것이 좋다. 그것이야말로 자신의 노력에 기름을 부어주는 일이며 최후의 성과를 5배, 10배 이상으로 높여주는 일이기 때문이다.

노빠꾸 실행력 파워 업

"나 혼자서는 무엇이든 열심히 할 수 있다.
하지만 그 노력과 열정에 기회를 주는 사람들은
결국 내가 아닌 다른 사람들이다.
결국 다른 사람을 통해서 내가 성공하고,
또한 그들의 도움으로 더 나은 삶을 살아갈 수 있다."

PART 2

노력한 만큼
이루어지지 않고
생각하는 만큼
이루어진다

10배의 성장을 이뤄내는 '생각'의 비밀

성공의 키워드라면 단연 '목표'와 '노력'을 빼놓을 수 없다. 목표를 설정하고 그에 맞는 노력을 해야만 성공에 가까이 다가갈 수 있는 게 당연하다. 하지만 이 모든 과정을 지배하는 것이 하나 있다. 바로 '생각의 크기'다. 목표를 어느 정도 크게 잡느냐, 노력의 강도를 어느 정도 크게 잡느냐가 결국 최종적인 성과물을 좌우하게 된다.

'지금 하는 것의 10배'라면 참으로 부담스럽게 다가올 것이다. 어떻게 보면 지금도 간신히 허덕거리며 견뎌 나가고 있는데, 여기에서 다시 10배라니. 도저히 말도 안 된다고 생각할 수도 있지만, 그렇다고 터무니없이 불가능한 일도 아니다. 누구와 함께 일하고, 내가 가진 자원을 어떻게 활용하느냐에 따라서 내 목표와 노력은 10배로 커지고, 이를 충분히 달성해 낼 수 있다. 하지만 대부분의 사람은 처음부터 너무 부담감을 갖는 것을 싫어해서 그저 지금 설정된 수준의 목표와 노력에만 만족하고 있을 뿐이다.

그러나 때로는 부담감이야말로 사람을 움직이는 매우 큰 동력이기도 하다. 비록 마음에서 저항감이 느껴진다고 하더라도 '일단 한 번 해보겠다'는 투지를 만들어 낼 수 있다면, 과감하게 치고 나갈 수 있다. 따라서 이제까지 자신이 해왔던 생각의 크기를 한 번 점검해 보는 기회를 가져야만 한다.

빠꾸도 계속되면
습관이 된다

!

"대부분의 사람은 자신이 무엇을 원하는지 모릅니다.
그래서 다른 사람들이 원하는 것을 쫓게 됩니다."

- 잭 캔필드(성공학 강사) -

 내가 살아온 모습을 지켜본 사람들이 늘상 물어보는 질문이 있다. "대표님은 어떻게 그렇게 대단한 에너지를 낼 수 있어요?", "그런 엄청난 도전 정신은 어디에서 생겨나는 것인가요?"와 같은 말들이다. 나를 잘 모르는 제삼자가 이런 말을 옆에서 같이 들으면 정말로 내가 엄청난 에너지와 도전 정신으로 세상을 거침없이 살아간다고 볼 수도 있다.

 하지만 현실의 내 모습은 완전히 반대다. 믿기 어려울 수도 있겠지만, 정말로 부끄러움을 많이 탄다. 심할 때는 카페에서 커피 한 잔을 시키기도 망설이곤 한다. 심지어 잘 삐지기도 하고, 좌절도 많이 한다. 강의할 때나 수업할 때 열정적인 모습을 보이는 이유는 단순히 일에 관한 스위치 온-오프가 잘될 뿐, 실제 내 모습은 완전히 딴판이다. 스스로를 엄청난 에너지가 있다거나 대단한 도전 정신이 있는 사람이라고 여기지 않는다. 하지만 그런데도 이제까지 여러 성과를 이루어 왔던 것은 단 하나, '노빠꾸 정신' 덕분이었다.

정신적 루틴은 자기 정체성으로 연결된다

요즘 젊은 사람들 중에서 '루틴 만들기'가 큰 유행이다. 소규모 커뮤니티를 만들어서 서로 소통하고 인증하면서 일찍 일어나기, 꾸준히 운동하기, 공부하기 등을 습관화하려고 한다. 혼자의 힘으로는 쉽지 않으니 누군가의 도움을 받아서라도 그런 루틴을 만드는 노력은 분명 삶을 한 단계 발전시키는 긍정적인 계기가 된다.

그런데 우리에게는 이러한 생활상의 루틴보다 더 중요한 루틴이 있다. 그건 바로 '정신적 루틴'이다. 사람은 같은 상황에 부딪혀도 생각하는 방식이 제각각이고 이런 각자의 성향이 일정하게 유지된다. 설령 방향의 정신적 루틴을 가지고 있다고 하더라도 그 디테일에서는 미묘하게 결이 다르기도 하다. 중요한 점은 이 정신적 루틴이 자신의 판단, 결단, 선택에 매우 큰 영향을 미친다는 것이다. 예를 들어, 어떤 사람은 위기 상황에서 늘 최악의 시나리오를 먼저 생각하는 루틴을 가질 수 있고, 또 다른 사람은 항상 긍정적인 측면만 바라보는 습관이 있을 수 있다. 같은 난관에 부딪혀도 한 사람은 위험만 보고, 다른 사람은 기회만 보는 식이다. 이런 정신적 루틴은 보통 오랜 시간에 걸쳐 형성되기 때문에 본인도 인지하지 못하는 일이 많다.

나의 정신적 루틴을 하나 말해보라고 한다면 단연 '노빠꾸'라고 할 수 있다. 사람들이 나를 도전적이고 에너지가 넘치는 사람이라고 오해하는 이유 역시 여기에 있다. 웬만하면 그만두거나 포기할 일도 없으니 대단한 에너지와 도전 정신이 있다고 생각하게 된다. 나는 그 무엇이든 빠꾸하는 순간, 다시 원점으로 돌아가는 것이 아니라 그보다 2배 이상의 후퇴가 이뤄진다고 여긴다. 100미터 달리기를 할 때 원래의 출발선으로 돌아가서 다시 출발하는 정도의 수준이 아니다. 원점으로 되돌아가면 차라리 다행이다. 실제로는 마이너스(-) 100미터로 후퇴해서 거기서 새롭게 시작하는 것이라고 생각하면 된다. 이건 정말 인생에서의 엄청난 손해가 아닐 수 없다.

거기다가 빠꾸를 자주 하게 되면 자기 자신에 대한 실망감도 점점 커질 수밖에 없다. 난관을 뚫고 나가지 못해 자존감에 큰 상처를 입게 되고, 자기 인식도 처절하게 땅으로 내팽개쳐진다. 시작이라도 하지 않은 상태라면 차라리 원래 그 자리겠지만, 하다가 빠꾸하면 모든 게 나락으로 떨어지게 된다. 이러한 자기 인식의 문제는 단순히 감정적인 문제가 아니라 정체성의 문제다. 우리는 자기 행동과 결정을 통해 스스로를 재정의한다. '나는 포기를 잘하는 사람'이라는 정체성은 다음 도전에서도 쉽게 포기하게 만드는 악순환을 만들어낸다.

노빠꾸의 성공은 좋아하는 일 찾기에서 시작된다

거기다가 사회적인 평가도 점차 악화된다. 만약 내가 대학을 자퇴한 후 공부방이나 학원을 하다가 중간에 포기했다고 해 보자. 그렇다면 나는 어떤 사람으로 정의될까? 차라리 아예 시작하지 않았다면 그냥 '자퇴생' 정도였겠지만, 중간에 학원을 포기하게 되면 '자퇴생에다 학원까지 망한 사람'이 된다. 만약에 이후에 '더딩글'이라는 스터디카페를 하다가 또 한 번 빠꾸하게 되면 '자퇴생에다 학원까지 망하고, 심지어 스터디카페도 망한 사람'이 되는 것이다. 한 번씩 빠꾸할 때마다, 내 인생은 그 두 배의 중력으로 무너질 수밖에 없다. 사람들이 자주 빠꾸하는 이유 중 하나는 자신이 좋아하는 일을 찾지 못한 탓이다. 사실 나의 에너지나 도전 정신은 그 어떤 대단한 원천에서 나온다고 생각하지 않는다. 그냥 하고 싶은 일을 계속해서 찾고, 그것이 있으면 될 때까지 방법을 찾는 일에 불과하다.

공부방에서 학원으로 한 단계 업그레이드하려고 할 때에도 그랬다. 8평도 채 되지 않은 작은 강의실에서 거의 10년 정도를 일해오던 어느 날이었다. 그날도 여느 날과 다름이 없었다. 외벽에 걸려 있는 플래카드 때문에 햇볕도 제대로 들어오지 않는 강의실, 여느 때처럼 들리는 배달 오토바이의 소리, 매년 봄이 오면 피어나는 벚꽃, 오늘도 하루에 6시간에서 10시간 정도 강의해야 하는 일상, '하, 오늘도 아이들과 한바탕해야 하는구나'라는 생각… 당시에는 내가 '닭장 속에 갇힌 닭'처럼 여겨졌다. 이럴 때면 누구나 한순간에 힘이 확 빠지고 무력해질 수밖에 없다. 그때 자신에게 했던 과거의 질문이 떠올랐다.

'내가 좋아하는 게 뭐지?'

물론 처음 공부방을 시작할 때에는 공부방이 좋아하는 것이었다. 하지만 시간이 흐르면서 사람은 달라지고 좋아하는 일도 달라진다. 나는 닭장에 갇힌 것 같은 나를 발견하고 다시 예전의 질문을 떠올렸다. 그때부터 학원을 시작했다. 새로운 도전은 대개 이런 식이었다. 남들에게는 어떻게 보일지 모르겠지만, 그냥 좋아하는 일을 생각하고 그것을 하기 위해 실천하는 과정이 전부였다. 내 마음속에는 지금도 계속해서 이런 질문들이 떠돌아다닌다. 앞으로 새로운 사업을 구상하는 것 역시 이러한 질문에 스스로 대답하는 과정일 뿐이다. 결국 어떤 상황에서도 노빠꾸하는 정신적 루틴을 기르기 위해서는 자신이 좋아하는 일이 무엇인지를 찾아야 하고, 그것을 이뤄내기 위해서 무슨 일을 어떻게 해야 하는지를 탐색해야만 한다. 미국의 성공학 강사인 잭 캔필드Jack Canfield는 이런 말을 한 적이 있다.

"대부분의 사람들은 자신이 무엇을 원하는지 모릅니다. 그래서 다른 사람들이 원하는 것을 좇게 됩니다."

노빠꾸의 시작, 그리고 그 지난한 과정을 이겨나가 끝내 자신이 원하는 결과를 얻어내기 위해서는 결국 '나 자신'에게로 돌아와야 한다. 세상에 위기와 좌절을 경험하지 않은 사람은 없다. 그러나 그러한 상태에서도 물러서지 않는 정신적 루틴을 가진 사람은 마침내 자신이 좋아하는 일을 해나가게 된다.

'싫어하는 것을 하면서 성공하기보다 좋아하는 것을 하면서 실패하는 것이 더 좋다'는 말이 있다. 이런 사람들은 매번 실패해도 절대로 빠꾸할 생각을 하지는 않는다. 물론 엄청난 에너지도 필요하고, 과감한 도전 정신을 기르려는 것도 좋다. 하지만 그전에 자신이 좋아하는 일부터 찾아야 무소의 뿔과 같은 노빠꾸 정신을 갖출 수 있게 될 것이다.

노빠꾸 실행력 파워 업

"우리는 때로 성공이라는 것을 결과론적으로 생각한다.
많은 돈을 벌고, 높은 위치에 오르는 일이라고 보는 것이다.
하지만 진정한 성공은 아침에 일어나 자신이 좋아하는 일을 하고,
잠자기 전까지 그 일을 충분히 즐기는 상태가 아닐까?
그리고 이런 상황을 계속 유지할 수 있다면, 돈이나 높은 지위는
그저 부산물처럼 주어질 뿐이다."

반드시 벗어나야 할
부정 암시의 부작용

!

"인간은 자기 생각의 결과물이다.
그는 자신이 생각하는 대로 된다."
- 마하트마 간디(인도의 정치 지도자) -

우리는 매일 끊임없이 무엇인가를 생각하고, 느끼고, 깨달으며 살아간다. 이 과정에서 매우 중요한 역할을 하는 것이 바로 자신과의 대화, 그리고 타인과의 대화이다. 이런 대화를 통해서 우리는 많은 선택과 결정을 하게 된다. 심지어 '오늘 점심을 뭘 먹어볼까?'라는 혼자만의 생각도 실은 자기 자신과 하는 대화이지 않은가.

그런데 이 모든 의사소통의 과정에서 우리는 끊임없이 '암시'라는 것과 맞닥뜨린다. '이건 정말 위험해. 해서는 안 돼'는 부정적 암시에 해당하고, 반대로 '야, 이거 정말 괜찮을 것 같은데? 한 번 해볼까?'는 긍정적인 암시에 해당한다. 이러한 암시는 매우 사소하고 작은 생각처럼 보이지만, 사실은 우리의 행동에 매우 큰 영향을 미친다. 긍정적인 암시를 받은 행동에는 적극 나서지만, 부정적인 암시를 받은 행동은 피하기 때문이다. 심지어 새로운 도전이 있어야 한다고 절실하게 느끼면서도, 만약 부정적 암시를 강하게 받으면 지레 겁먹고 포기하며 그만두게 된다. 따라서 삶을 성공으로 이끌어 나가는 전 과정에서 매우 중요한 것 중 하나는 '이러한 부정적 암시를 어떻게 이겨 내느냐'는 점이다.

성적을 좌우하는 원초적인 요소를 먼저 파악한다

앞에서 '성공하기 위해서는 비합리적이고, 비논리적이며 비상식적이어야 한다'는 말을 했다. 이는 반사회적인 인간이 되라는 의미가 아니다. 표현이 좀 과격했지만 궁극적으로 이 말은 계속해서 내 안에서 합리적이고, 논리적이며, 상식적인 모습으로 나에게 다가오는 부정적 암시를 끊어내자는 의미로 이해했으면 한다.

암시는 어렸을 때부터 차곡차곡 우리에게 쌓여 있다. 친구, 부모, 친척들로부터 무심코 듣는 이야기가 뇌리, 무의식 안에 보관되어 있다. 독일의 한 심리 치료사가 연구한 결과, 부모는 3~6살의 아이에게 하루 30번 이상의 부정적인 암시를 했다고 한다. 실제 현실을 보면 충분히 타당성 있는 결과라고 생각된다. 아이를 양육하는 부모는 끊임없이 아이에게 말을 하는데, 다수의 말들이 "안 돼, 그건 하지 마", "지금 과자 먹으면 안 돼", "그쪽으로 가면 안 돼" 등 부정적인 표현이다.

물론 이러한 말들은 다 자녀가 잘되라는 의미에서 하는 가정교육이자 훈육이다. 따라서 당연히 필요한 것이고 꼭 해야 하는 것이지만, 문제는 이것이 과도하게 되면 아이의 마음에는 부정적 암시가 가득 차게 된다. 이런 사람은 나이가 들어 성인이 되었음에도 불구하고 무의식에 쌓여 있던 부정적인 암시에 갇히게 된다. 그 결과 두려움과 불안이 강해지고, 뭔가를 실천하려고 해도 자신감이 떨어져서 꾸준하게 할 수가 없다.

방문 과외 시절, 아무리 해도 실력이 늘지 않는 학생이 있었다. 가르칠 때에는 고개를 끄덕이다가도 다음 시간에 만나면 그다지 의욕을 보이지도 않고 숙제도 제대로 하지 않고 거의 그 상태 그대로였다. 한동안 이런 학생들을 어떻게 가르칠까 고민한 적도 있었다. 그때 내 결론은 '이런 학생들은 공부가 문제가 아니다'라는 것이었다. 그때부터는 아이의 삶 자체를 긍정적으로 바꾸고자 했다. 이는 생활 태도, 일상의 습관, 사고방식 전반을 뜯어고치는 작업이다. 계속해서 잘할 수 있다는 말을 해 주고, 조금이라도 하게 되면 칭찬하며, 문제가 있을 때 어떤 방식으로 해결하는지 방향을 제시해 주었다.

이렇게 조금씩 긍정적으로 변화되기 시작하면, 어느 순간 공부에도 의욕을 느끼고 성적도 점점 향상되는 일을 꽤 많이 겪었다. 지금 생각해 보면 이러한 변화를 도모하는 과정은 그 학생을 지배하고 있는 부정적 암시의 고리를 끊고 계속해서 긍정적 암시의 새로운 고리를 연결해 주는 작업이었다. 평소에 스스로에게 '나는 안 돼', '하기 싫어', '해서 뭐해?'라는 부정적 암시를 하는 습관이 있는 학생이 어떻게 공부를 잘하겠는가?

부정적 암시에서 벗어나는 법

사실 나의 아버지야말로 나에게 주로 부정적 암시를 하셨던 '꼰대의 끝판왕'이었다. 아버지는 평생 경상남도 권역에서 교사 생활을 하시면서 교감 선생님에 이어 교장 선생님까지 되신 분이다. 물론 경남 사람, 교사라는 직업을 가졌다고 해서 모두 꼰대기질이 있다는 것은 결코 아니지만, 아버지는 특히 새로운 도전이나 무모한 시도를 무척 경계하셨었다.

물론 어렸을 때는 그렇게 하지 않으셨겠지만, 나의 실패가 반복되자 그때부터 아버지는 계속해서 부정적인 암시를 했다. 무엇보다 아버지가 나에게 원했던 것은 대학 졸업 후 대기업 직원이 되는 것이었다. 그러니 자신이 생각하는 대로 가지 않는 아들에게 사교육 사업에 대한 부정적인 암시를 했던 것은 어쩌면 자연스러운 일이기도 했다.

"아들아, 학군지가 아닌 곳에서의 과외는 절대로 성공할 수가 없어."
"네가 좋은 대학에 다니는 것도 아닌데, 학부모들이 너를 믿고 맡기겠니?"
"이 사업은 돈 낭비에 불과해. 빨리 좀 때려치워라."

물론 아들의 성공을 바라는 마음과 걱정 때문이기는 했지만, 분명 상당한 영향을 미치곤 했다. 나는 자신을 정말로 긍정적인 사람이라고 생각하지만, 실제로 이런 직접적인 부정적 암시를 꾸준하게 듣게 되면 그것을 이겨낼 때 더 많은 에너지를 써야 한다.

부정적 암시가 무서운 이유는 계속해서 자신을 퇴행하게 만든다는 점이다. 소위 말하는 '빠꾸'를 자꾸 하게 하고 애초에 생각했던 목표와 노력에서 점점 멀어지게 된다.

이러한 부정적 암시가 무의식에 박혀 있고 어린 시절부터 형성되는 것이라고는 하지만, 그것을 본인의 힘으로 끊어내는 것이 그리 어려운 일은 아니다. 일단 자신에게 드는 생각이 부정적인 암시라는 점을 깨달으면, 스스로 적극적으로 반박하면서 떨쳐 내고 거기에 포획되지 않도록 긍정적인 암시로 채워 넣어야 한다. 그리고 애초에 자신이 하려고 했던 것에 집중하는 태도를 가져야 한다. '안 되면 어떻게 하지?', '정말 짜증 나는 일이 많이 생기네', '아, 힘들어. 못 해 먹겠다'와 같은 생각에 휘둘리지 않고 초심 그 자체에 집중하는 법을 익혀야 한다.

이제는 아버지의 자랑이 된 '노빠꾸 인생'

다행히도 나는 어린 시절부터 하고 싶은 것이 참 많았고 일단 그게 한번 정해지면 꼭 해야 하는 성격이었다. 학교 가요제에는 무조건 나가줘야 했고, 주변 친구들의 일에서 먼저 나서는 오지랖도 있었다. 내 결혼식에서는 '나에게로 떠나는 여행'이라는 전혀 어울리지 않는 노래를 부르면서 즐거워하기도 했다. 오죽했으면 어릴 때부터 어머니는 나에게 "나대지 말아라"라는 말을 많이 하셨을까?

지금 생각해 보면 그 모든 것은 하고 싶은 것에 집중했고, 그러다 보니 의욕 만땅이 되었으며, 그 결과 내게 걸림돌이 되는 부정적 암시에 굴하지 않았던 것 같다. 너무도 간절하게 해내고 싶은 일이 있다면 부정적 암시 따위는 그저 흘려듣는 배경 음악에 불과하게 된다.

혹시 자신이 적지 않은 부정적 암시에 시달리고 있다고 여겨진다면 꼭 기억해야 할 것이 있다. 부정적 암시의 악순환 고리에서 벗어나지 않으면 어느 순간 계속해서 왔던 길을 되돌아가서 결국에는 포기하는 습관이 생기고, 결국 자신도 스스로를 합리화하게 된다는 점이다.

그런데 부정적 암시를 넘어서면 그때부터는 자신에 대한 대단히 긍정적인 자부심을 느낄 수 있다. 나에게 폭풍 같은 부정적 암시를 하셨던 아버지는 이제 나를 보는 시각이 완전히 달라지셨다. 한 번은 휴대폰에 아버지 이름이 뜨면서 전화가 와서 받았더니 아버지의 친구분이셨다. 서울에서 큰 성공을 했으니 잘했다고 칭찬하시면서 목소리라도 들어보고 싶어서 아버지 폰으로 전화를 하셨다고 했다. 아버지가 얼마나 내 자랑을 하셨으면, 연예인도 아닌 나의 목소리라도 들어보고 싶다고 전화를 하셨을까.

부정적 암시는 말 그대로 암시일 뿐이다. 어떻게 보면 단지 암시에 불과하니, 그걸 내가 듣든 말든 모두 내 마음일 뿐이다. 그러니 '악마의 속삭임'이라고 해도 된다. '아니야, 난 너의 말을 듣지 않고, 하고 싶은 것, 좋아하는 것에 집중해서 결국 해낼 거야'라는 단단한 마음 정도만 가져도 충분히 털어내고 이겨낼 수 있다.

노빠꾸 실행력 파워 업

"성공이 최종적인 것이 아니듯, 실패도 최종적인 것이 아니다.
어떤 면에서 보면 모든 것은 그저 과정일 뿐이다.
하지만 이 과정을 수행해 나가는 데 있어서 가장 큰 방해물은 부정적 암시다.
사자가 그물에서 벗어나듯, 부정적 암시에서 벗어나야 한다."

목표를 정하기 전에 정말 간절하고 설레는 것부터 상상한다

!

"우리가 뒤에 두고 온 것보다
앞으로 더 좋고 멋진 일들이 기다리고 있다."

- C.S. 루이스(영국의 작가, 신학자)-

인간에게는 이성도 있고 감정도 있지만, 실은 사람을 궁극적으로 움직이는 동력은 '감정'이라고 여긴다. 아무리 이성적으로 옳다는 일이나, 해야 하는 일이라고 하더라도 감정이 뒷받침되지 않으면 쉽게 해내지 못한다. 반대로 이성적으로는 끌리지 않더라도 감정적으로 끌림이 시작되면 그때부터는 평소에는 생각지도 못했던 힘이 솟아나기도 하기도 한다.

그렇다면 우리가 원하는 삶을 만들어 나가기 위해서는 이러한 감정을 얼마나 잘 활용하느냐도 매우 중요한 문제다. 내가 걸어온 길 역시 어떤 면에서는 감정이 이끌어 온 것이라고 할 수 있다. 때로는 무모했고, 때로는 말도 안 되는 일을 이뤄내는 것은 이성이 아닌 감정의 힘이 틀림없다. 그러므로 감정을 긍정적으로 잘 활용하는 것은 자신의 인생을 잘 관리하고 앞으로 나아가기 위한 매우 좋은 방법이다. 우리에게는 여러 좋은 감정이 많지만, 그중에서 가장 강력한 감정은 '설렘과 간절함'이다.

판단력 곳곳에 숨어 있는 감정의 힘

'감정이 판단력을 흐리게 한다'는 말을 들어보았을 것이다. 누구나 이런 경험이 있으니 충분히 수긍할 수 있을 것이다. 그런데 이 말을 거꾸로 하면 감정이 판단력을 더 또렷하고 확실하게 만들 수도 있다는 의미다. 실제 심리학에서는 '인간은 감정이 없이는 제대로 된 판단을 할 수 없다'고 말한다. 예를 들어 '어떤 회사에 입사하면 좋을까?'라는 것은 이성적 판단력에 관련된 것이지만, 그 밑바탕에서는 감정이 함께 섞여 있다. 예를 들어 감정적으로 좋아하는 회사에 입사하고 싶고, 거부감이 드는 회사에는 입사하기 싫다. 이렇게 좀 세세하게 구분해서 보면 우리의 이성과 판단에 얼마나 많은 감정이 개입되어 있는지를 쉽게 알 수 있다.

특히 간절함과 설렘은 우리를 움직이는 매우 긍정적인 힘이다. 이 두 가지가 강렬하게 솟아오르면 그 어떤 것도 이뤄내고 싶은 마음이 들고, 비록 장애물이 내 눈앞에 있어도 뒤돌아 포기하기보다는 가뿐하게 뛰어넘고 싶은 의지가 생긴다. 처음 과외의 세계로 들어온 것, 그리고 숱한 실패에도 멈추지 않은 것은 바로 이러한 간절함과 설렘 덕분이다.

나는 입학한 대학교가 아주 마음에 들지 않아서 편입하고 싶었지만, 부모님이 비용을 지원해주시지 않으셨다. 돈이 없으신 것도 아닌데 돈을 주지 않는다니 처음에는 화가 나기도 했지만, 그보다 더 나를 움직였던 것은 간절함이었다. 어떻게 해서든 돈을 벌어 편입 공부를 다시 시작하는 것이 무엇보다 당시 하고 싶었던 일이었다.

또 하나는 '차가 하나 있으면 정말 좋겠다'는 생각이 들었다. 대학의 드넓은 캠퍼스를 차를 타고 누비면서 친구를 만나면 "야, 타, 어디까지 가니?"와 같은 말도 해 보고 싶었다. 지금 돌이켜 보면 어린 나이의 치기였지만, 어쨌든 그때는 너무너무 하고 싶은 행동이었고, 나를 설레게 하는 모습이었다.

또한 실제로 차에 대한 열망을 더욱 강하게 하는 사건도 있었다. 방문 과외 시절 장거리 버스를 타고 다니던 어느 여름날이었다. 나는 평소에도 냄새에 매우 민감한데, 그날은 옆에 서 있는 사람의 냄새가 너무도 힘들게 했다. 실제로 머리가 지끈거리고 속이 울렁거려서 도저히 참을 수 없는 지경이었다. 정말로 그때만큼 간절하게 내 차가 필요하다고 느낀 적도 없었다.

그때부터 열병처럼 '많은 돈을 모아야겠다'는 결심을 했고, 그 모든 어려움은 사소한 일처럼 보였다. 물론 당장 고통과 괴로움을 느끼기도 했지만, 간절히 원하는 것을 이뤄낼 수 있다는 목표 하나만 보였을 뿐이다.

그 이후에 나를 설레게 했던 것은 강남 한복판의 빌딩과 타워팰리스였다. 20대 초반 처음 서울 강남역에 갔을 때 그 엄청난 빌딩 숲을 보면서 놀라지 않을 수 없었다. 이제까지 살았던 경산에서는 도저히 볼 수 없는 풍경을 바로 눈앞에서 맞닥뜨렸기 때문이다. 그때 들었던 생각은 바로 이것이다.

'아, 나도 이 강남에 내 명의로 된 빌딩 하나 정도는 가지고 싶다!'

물론 너무 무모한 꿈이라고 생각되기도 할 것이다. 그것도 20대 초반에 그런 생각을 했다면 어쩌면 나를 세상 물정을 너무 모르는 사람이라고 말할 수도 있을 것 같다. 그런데 그 이후에 또 하나의 간절함과 설렘이 나를 움직이고 있다.

'언젠가 반드시 타워팰리스에서 살고 싶다!'

원하는 것을 얻는 원초적인 힘, 상상력

나는 왜 그렇게 자동차니, 빌딩이니, 타워팰리스에 꽂혔던 걸까? 지금 생각해 보면 그것은 궁극적으로 자아실현을 하는 듯한 느낌을 준다. 학창 시절에 아마도 '매슬로의 5단계 욕구론'을 들어보았을 것이다. 인간에게는 총 5개의 욕구가 있는데, 그 최상위의 것이 바로 자아실현의 욕구이다.

선생님에게 배울 때는 '아, 뭐 그런 게 있나 보다'라는 정도였지만, 본격적으로 사회에 뛰어들어 일을 하면서 자아실현이 무엇인지를 실감했다. 설렘과 간절함, 목표를 하나씩 이뤄낼 때의 짜릿함을 느꼈다. 한마디로 '내가 해냈어!'라는 기분 좋은 외침이기도 하다. 단지 그 대상이 때로는 자동차고, 때로는 빌딩이며, 때로는 타워팰리스였을 뿐이다. 그 무엇이든 간에 최고의 나를 만들고, 더 나은 내 생활을 만드는 것에 대한 강렬한 욕구와 감정이 나를 지배했다.

요즘 젊은 친구들과 일을 해 보면 의외로 이런 자아실현의 욕구가 많지 않다는 생각이 들곤 한다. '꿈과 열정'이라는 것에 대해 그 어떤 세대보다 많은 이야기를 들었을 세대임에도 불구하고, 정작 현실에서는 그렇지 않다는 이야기다. 어떻게 보면 너무 기회가 없고, 평등하지 못한 사회 때문일지도 모른다. 그러니 아무리 꿈과 열정을 이야기해도 쉽게 받아들일 수 없었을 수도 있다.

자신을 설레게 하는 것, 간절한 마음을 가지게 하는 것을 찾아내고 자신의 마음속에 단단하게 고정해 놓지 않으면 그 어떤 짜릿한 성공도 맛볼 수 없다. 어쩌면 나의 다소 무모하게 보이는 목표를 세웠던 과거가 없었다면 평범하게 대학을 졸업하고, 아버지의 바람대로 삼성이나 혹은 다른 대기업에 들어가 오늘도 그저 주어진대로 일상을 살았을지도 모를 일이다. 물론 그러한 삶도 충분히 가치 있고 존중받을 테지만, 왠지 나에게는 너무 편안해서 지루했을 것 같기도 하다.

이제 당신도 정말로 '와, 멋지다!'라는 말이 절로 튀어나올 정도의 내 모습을 상상해 보자. 정말로 심장이 뛰고 간절하게 해내고 싶은 일들을 종이에 적어 보자. 더불어 그것을 이뤄냈을 때 나의 멋진 모습을 그려보는 것도 도움이 된다. 자신의 감정부터 이러한 목표에 매료되어야만 더 큰 힘을 낼 수 있게 된다.

❗ 노빠꾸 실행력 파워 업

"사람의 감정은 엄청난 힘을 가지고 있다.
때로는 파괴적으로 사용되기도 하지만,
잘 이용하면 나의 발전에 큰 도움이 될 수 있다.
내가 무엇에 설레고 간절한지를 알게 되면,
나를 더 깊이 이해할 수도 있다.
내가 꿈꾸는 목표가 정말 간절하고 설레는지부터 생각해 보자."

코어 멤버 한 명이면 천하를 얻을 수 있다

!

"함께하는 것은 시작이고,
함께 유지하는 것은 발전이며,
함께 일하는 것은 성공이다."

- 헨리 포드(사업가) -

공부방과 학원은 그 외형적 규모에서만 차이가 있는 것은 아니다. 엄밀히 말해 공부방은 자영업의 개념이며, 학원은 진정한 의미의 사업으로 진입하는 것이라고 볼 수 있다. 사업은 그냥 사업과 관련된 이들이 잘 먹고 잘사는 문제가 아니다. 조직 단위에서의 인력 관리와 의사 결정의 과정이 존재하고, 한 지역의 고객이 아닌 전국의 고객을 대상으로 한다는 점에서 차이가 매우 크다. 무엇보다 다른 점은 단순한 동업자나 파트너가 아닌, '코어 멤버'가 있다는 점이다. 좀 쉬운 말로 '오른팔'이 있다. 그 어떤 어려움도 함께 뚫고 가면서 기업가 정신을 발휘하고 자신을 내던져 함께 사업을 일구는 사람이다. 이런 오른팔이 있기에 사업가는 자신의 성장도 꾀한다는 점에서 둘은 가장 높은 레벨에서의 정신적, 업무적 파트너이기도 하다. 만약 자신이 진짜 사업을 통해서 꿈을 펼쳐 보고 싶다면, 이제 규모와 상관없이 오른팔을 찾아 나서고 성장시키는 '인재경영'을 해야만 한다.

"그 사람 사기꾼 아니야?"

세계적으로 성장한 기업 중에는 처음에는 둘이서 창업하는 경우가 매우 흔하다. 우선 애플이 그렇다. 스티브 잡스 Steven Paul Jobs라는 천재적인 기획자는 워즈니악 Steve Wozniak이라는 천재 엔지니어를 만나면서 본격적으로 사업을 펼쳐 나갔다. 둘의 성격은 정반대였지만, 서로의 부족한 점을 채워 주면서 사업을 진행해 나갔다.

구글 역시 마찬가지다. 래리 페이지 Larry Page는 스탠퍼드 대학원에서 동갑내기 세르게이 브린 Sergey Brin이라는 인물을 만났다. 둘은 논문을 작성하면서 인터넷 검색에 대한 획기적인 원리를 생각해 냈고, 평생 함께하는 친구가 되었다. 이외에도 수많은 기업의 창업에는 뛰어난 능력을 갖추고 서로를 위해 헌신하는 파트너가 있었다.

나 역시 든든한 오른팔을 만나면서 본격적인 학원 사업에 뛰어들 수 있었다. 지금 우리 법인의 이사이기도 한 한샘 원장이다. 그는 과거부터 온라인상에서 나의 찐팬이었지만, 본격적으로 함께 사업을 시작한 것은 2019년부터였다. 경산의 한 카페에서 만나 사업 구상과 향후 함께해야 할 일 서른 가지를 제시하면서 의기투합하자고 제안했다. 내가 모든 투자를 하고 수익은 5:5로 나누자고 했다.

처음 이 제안을 들은 한샘 원장은 부모님에게 나에 관한 이야기를 했는데, 부모님의 첫 반응은 "그 사람 사기꾼 아니냐?"였다고 한다. 자신이 모든 투자를 하고 수익은 5:5라고 했던 나의 제안이 너무 과도하고, 그런 만큼 사기에 가깝다고 보신 모양이다. 하지만 나는 단지 애초부터 한샘 원장이 일을 잘할 수 있는 조건을 충분히 갖췄다는 점을 확신했고, 그에 걸맞은 보상을 하고 싶었기 때문에 그런 제안을 했었다.

그 이후의 과정은 매우 혹독했다. 그때까지 경험했던 모든 것을 알려주고 싶었고, 나를 앞서는 사람이 되었으면 하는 마음이 있었다. 때로 남들이 볼 때는 '너무 심하다'고 할 정도로 모진 말도 많이 했지만, 또 성과가 있으면 그에 걸맞은 충분한 보상을 하기도 했다. 그 결과, 지금은 우리 법인의 이사로 억대 연봉을 받고 있으며, 회사로부터 차량도 지급받았다.

특히 컨설팅 분야에서는 나보다 더 뛰어난 수준까지 되었다. 한샘 원장은 한마디로 특수 부대원이라고 해도 과장이 아니다. 대개의 특수 부대원이 최소의 식량만 가지고 적진에 투입되고 그때부터 임무를 수행하듯, 한샘 원장도 전국 어느 곳이든 학원 하나 창업할 비용만 가지고 적을 섬멸하듯 지역의 경쟁 학원들을 뛰어넘어 어엿한 학원을 일구어 낸다. 체계적으로 빠른 속도로 인재들을 모으고 관리해서 나와 한샘 원장 모두가 신경 쓰지 않아도 될 정도로 운영이 잘 되는 학원을 구축한다.

내가 없었으면 한샘 원장도 없었겠지만, 한샘 원장이 없었다면 지금의 나도 없을 것이라는 사실을 부인할 수 없다. 물론 이 과정이 너무 힘든 나머지, 부작용도 있었다. 한샘 원장이 두 번이나 쓰러졌다. 내 인생에서 처음으로 눈앞에서 사람이 쓰러지는 모습을 보았던 것이다.

사업 성공의 든든한 필요조건, 파트너

문제는 이러한 동지이자 파트너의 중요성을 많은 사람이 곧잘 잊어버린다는 점이다. 실제 내가 봐온 많은 사업가들 역시, 자신과 가장 가까웠던 사람의 소중함을 잊어버리다가 결국 사업에 실패하는 경우가 많았다. 물론 과거의 나도 이런 부류에 속했다.

앞에서 이야기했지만, 처음 2호점 공부방을 냈을 때의 동업자는 내가 운영하던 1호점의 학생들을 대부분 빼갔고, 우연히 그즈음 2층의 자습실이 교육청에 신고당해 내 사업은 쫄딱 망했었다. 이처럼 나를 가장 잘 알고 가까운 사람이 오히려 나에게 가장 큰 피해를 줄 가능성도 있다.

사업에서 파트너는 향후 사업가의 자질을 키울 수 있는 매우 중요한 발전의 단계에서 큰 역할을 한다. 단 한 명의 사업 파트너도 구하지 못하고, 그와 함께 의기투합하지 못하는 사람이 앞으로 수십 명, 수백 명을 관리한다는 것 자체가 어불성설이다. 그런 점에서 자기 오른팔을 선택하고 결정하며 함께 일하는 것은 본인의 리더십을 테스트하고 더 발전시키는 매우 중요한 계기가 된다.

미국 IT 세계의 벤처 창업가들에 관한 책을 읽다 보면 아주 흥미롭게 창업을 하는 사람들이 있다. 이런 이들은 우선 사업 분야와 아이템이 정해지지 않은 상태에서 창업 파트너부터 찾는다고 한다. 그런데 사실 이는 역설적이다. 사업 분야나 아이템이 정해져야 그에 걸맞은 사람을 파트너로 정할 수 있는 것이 아닌가? 하지만 그들의 마인드는 완전히 다르다.

사업 분야와 아이템보다 더 중요한 것이 바로 '함께하는 사람'이라는 점이다. 과연 나와 끝까지 함께 갈 수 있는지, 정직과 신뢰를 지킬 수 있는 지가 그 사람이 가진 전문 지식이나 기술보다 더 중요하다고 여긴다. 기업에서 사람을 뽑을 때도 비슷한 관점을 가지는 경우가 많다. 채용관들이 실력보다는 인성을 먼저 보는 것이다. 모르는 것은 회사에 입사해서 배우면 되지만, 애초에 인성이 되지 않으면 아무리 실력이 좋아도 소용이 없다고 여긴다.

진정한 사업의 단계로 진입하고 싶다면 '오른팔'이라고 부를 만한 코어 멤버를 찾아야 한다. 함께 배우고, 서로 용기를 주면서 성장할 수 있는 딱 한 명의 오른팔이 있다면 출발을 위한 훌륭한 필요조건을 갖추고 있다고 볼 수 있다. 그 사람이 만족할 만한 보상과 미래의 비전을 제공해 준다면, 외롭고 힘들게 걸어가는 길보다 훨씬 더 가볍게 자신의 성공을 향해 나아갈 수 있을 것이다.

노빠꾸 실행력 파워 업

"동업하지 말라는 말도 있다. 물론 일면 매우 수긍할만하다.
그러나 거꾸로 생각해 보면 훌륭한 동업자를 구하거나,
그를 끌고 갈 수 있는 능력조차 없다면, 사업의 성공은 요원하다."

있는 자는 더 받고,
없는 자는 빼앗기는 세상의 원리

!

"위대한 일은 충동적으로 이루어지지 않는다.
작은 일들이 모여 이루어지는 것이다."

- 빈센트 반 고흐(화가) -

부익부 빈익빈富益富貧益貧은 긍정적인 사회 현상은 아님에도 불구하고, 결국 이 세상을 지배하고 있는 중요한 원리 중 하나이다. 거의 모든 분야에서도 이와 같은 일이 벌어진다.

미국의 한 사회학자는 '마태 효과Mathew Effect'라는 것을 제시한 바 있다. 《성경》의 마태복음에는 '무릇 있는 자는 더 받아 풍족하게 되고, 없는 자는 그 있는 것까지 빼앗기리라'라는 말이 있는데, 바로 여기에서 따온 것이라고 한다. 그 사회학자는 마태 효과를 통해 이미 명성이 높은 연구자나 기관이 추가적으로 더 인정받으며 더욱 명성을 얻는다고 설명했다.

이러한 효과는 연구자나 기관에만 국한된 것이 아니다. 돈이 많은 사람은 더 많은 돈을 벌고, 잘나가는 기업은 훨씬 더 승승장구할 수 있는 기회가 많다. 사실 우리가 일상적으로 방문하는 맛집도 이 마태 효과의 영향을 받는다. 일단 한 번 맛집으로 소문나면 사람들은 줄을 서서 먹고, 그렇지 않은 음식점에는 잘 가지 않게 된다. 누군가는 다소 억울한 면이 있겠지만, 이것을 성공의 원리에 적용하면 어떻게 좀 더 효과적으로 나의 꿈을 이룰 수 있는지에 대한 힌트를 얻을 수 있다.

인재 양성에서 예외 없이 적용되는 마테의 법칙

학원의 특성상 나는 많은 강사들을 채용하고 성장시키며 또한 지금도 함께 일을 해 나가고 있다. 그러니 내 또래의 그 어떤 사람보다 사람을 보는 안목이 있을 것이라 여긴다. 물론 사람을 보는 관점, 그들을 테스트하는 방법은 사람마다 차이가 있다. 나의 경우는 아주 작고 사소한 태도와 일하는 방식부터 본다.

예를 들면 워크숍에서 회식하는 태도이다. 본인이 먼저 고기를 굽겠다고 나서는가? 혹은 남이 고기를 구울 때 무엇을 하는가? 다 먹고 나면 그때부터 어떤 행동을 하는가? 이런 것들이 별로 중요해 보이지 않을 수 있지만, 이러한 작은 태도 하나하나가 모여 결국 그 사람을 이루는 것이지 않은가.

심지어 나는 강사를 채용하면 처음에는 청소와 기존 강사의 강의 준비를 돕는 일을 지시한다. 한 달이고 두 달이고 계속 같은 일을 시키면서 지켜만 본다. 그들은 너무 단순해서 지겨운 일이라고 생각할지 모르겠지만, 나에게는 함께 갈 든든한 파트너이자 동지를 뽑는 매우 중요한 과정이다.

그런데 여기서부터 마태의 법칙이 어쩔 수 없이 작용하기 시작한다. 만약 어떤 사람이 자신에게 주어진 일을 거의 완벽에 가깝게 수행해 낸다고 해 보자. 그러면 그 사람에게 시키던 일만 계속 시킬까? 절대 그렇지 않다. 하나를 잘하면 둘, 셋도 잘할 것이라는 확신이 들고, 그들이 더 성장하고 발전할 수 있는 기회를 제공한다. 그런데 실제 테스트를 잘 거친 사람은 정말로 둘, 셋의 일도 잘해낸다.

그러면 거기에서 멈출까? 그렇지 않다. 더 난도가 높으면서도 성취감을 줄 수 있는 일을 주게 마련이고, 보상도 계속해서 높아진다. 고용주의 입장에서는 당연히 그렇게 해야 한다. 그렇다면 계속해서 더 높은 단계로 가게 되는 그 사람의 입장은 어떨까? 《성경》의 말 그대로, 있는 자는 더 많은 것을 받아 풍족하게 되는 상태가 된다.

당연히 이러한 테스트를 통과하지 못한 사람은 그나마 하던 일도 빼앗기기 때문에 '없는 자는 그 있는 것까지 빼앗기리라'라는 말보다 더 정확한 것은 없다. 어떤 면에서 이는 부익부 빈익빈이기도 하다. 이 말에는 부정적인 뉘앙스가 강하지만, 그래도 자신이 열심히 노력한 만큼 무엇인가를 얻어낼 수 있다는 점에서 오히려 긍정적인 부분도 있다.

죽음의 계곡을 유연하게 넘어서는 법

사람에 대해서만 이런 일이 생기지는 않는다. 사업도 마찬가지다. 2010년대 중반부터 나의 학원은 경산에서 일명 '수학 맛집'으로 소문나기 시작했다. 심지어 학군지도 아닌 척박한 곳이었음에도 불구하고 학군지의 학부모들이 몰려오기 시작했다. 교육열이 높고 사교육 정보가 많아 또래 엄마들에게 영향을 주어 소문을 내주는 엄마들, 소위 '돼지 엄마'의 소문을 듣고 팀을 짜서 찾아오곤 했다. 쉽게 예를 들면 강남 대치동 맘이 동탄 쪽으로 아이들을 공부시키러 보내는 꼴이다.

수학 맛집으로 소문이 나기까지 내 생각은 단순했다. '딱 한 명만 수학 점수를 확 올려놓자'는 것이었다. 그렇게 하니까 한 명이 두 명이 되고, 두 명이 세 명이 됐다. 어느 순간 뒤를 돌아보자 전체의 90퍼센트가 학군지에서 공부하러 온 친구들이었다. 그때부터는 학원비를 2배로 올렸음에도 불구하고 학생들은 떨어져 나가지 않았고, 특강은 3배까지 올려받을 정도였다. 여기에도 마태의 법칙이 적용되고 있었다. '딱 한 명만 수학 점수를 확 올려놓자'라는 작은 생각이 시발점이 되어 어느 순간 더 가속도가 붙어 학생의 수가 늘었다. 역시나 《성경》의 말대로 가진 자가 더 풍요로워지는 일이 생겼다.

한 개인의 성장 방식, 한 사업의 성장 방식도 다르지 않다. 초기의 일정한 시간을 견디면서 조금씩 성과를 쌓아 나가기 시작하면, 어느 순간 그것이 자동적인 시스템이 되어서 스스로 앞으로 나아간다는 점이다. 다만 이러한 시스템이 생기기 전까지는 무척 어려운 시기를 견뎌야만 한다.

벤처 사업에도 '죽음의 계곡Death Valley'이라는 시기가 있다고 한다. 창업은 했지만 계속해서 자금이 부족해지고, 반면 제대로 된 성과는 나지 않는 2~3년의 기간을 말한다. 만약 이 기간을 견디지 못하면 사업은 망하는 것이고, 잘 견디면 사업은 점점 발전해 어떤 경우에는 '유니콘 기업'이 되기도 한다.

모두 성공을 바라고, 더 나은 삶을 바라지만 그 과정이 끝도 없이 힘들고 괴로운 일만은 아니다. 어느 정도 성과를 내기 시작하면 마태의 법칙이 작용하면서 운영은 조금씩 더 쉬워지면서 에너지는 덜 들어가면서도 성과는 더 커진다. 물론 이런 상태가 되기 위해서는 본인의 태도 자체가 적극적이고 긍정적인 '태도 맛집'이 되어야 하고, 힘들고 어려운 시기에도 견디는 '인내 맛집'이 되어야 한다. 쉬운 일은 아니겠지만, 불가능한 일도 아니다. 이 세상을 지배하는 부익부 빈익빈이라는 흐름에 올라타기 위해서는 해야 할 필요조건이라고 해도 과언이 아니다.

! 노빠꾸 실행력 파워 업

"자신의 신세를 한탄할 수는 있다.
하지만 거기에서 멈추면 결국 상황은 바뀌지 않는다.
마태의 법칙에 올라타기 위해서 지금 하는 것에 온 힘을 다하고,
더 풍요로워지는 것을 꿈꿔야 한다."

내 노력을 순식간에
10배로 키우는 환경 설정의 힘

!

"우리가 더 이상 상황을 바꿀 수 없을 때,
우리는 우리 자신을 바꿔야 하는 도전에 직면한다."

- 빅터 프랭클(정신과 의사) -

우리는 보통 자신의 생각이 자기 행동을 결정한다고 믿는다. 하지만 사회심리학자들은 그렇게 보지 않는다. '사람이 처해 있는 환경에 따라서 그 사람의 행동이 결정된다'고 말한다. 환경에 따라서 그 사람의 생각, 감정이 특정한 방향으로 흐르게 되고, 결국 그것으로 인해 행동이 결정된다는 이야기다. 이렇게 본다면 우리는 환경에 종속된 매우 수동적인 존재로 보이지만, 사실 우리는 거꾸로 그 환경을 의도적으로 설정할 수 있는 힘도 가지고 있다. 따라서 나를 변화시키기 위해서는 나의 환경 자체를 바꾸어야 한다. 이러한 변화를 위해서 요즘 많은 청년층이 자신의 환경을 바꿀 수 있는 모임에서 함께 용기를 주는 활동에 참여한다.

그런데 그것은 생활 습관과 오늘 하루의 마인드를 위한 것일 뿐, 인생에 걸친 큰 목표와 노력에 관한 것이라고 하기에는 다소 부족한 면이 있다. 출발은 생활 습관의 변화에서 시작하지만, 더 크게는 삶을 혁신적으로 바꿔 줄 더 큰 차원으로 나아가야만 한다.

의지력 보다 더 강한 힘

10여 년 전에 출간된 그랜트 카돈Grant Cardone의 《10배의 법칙》이라는 책은 많은 이들에게 동기 부여가 되었다. 나 역시 이 책을 통해서 큰 영감을 받았고, 성공을 향한 강한 동력을 얻을 수 있었다. 그런데 이 책의 핵심 중 하나는 자기 삶에 있어서 환경 설정에 대한 내용이다. 예를 들어 그는 '목표를 10배 더 원대하게 생각하라', '10배 더 엄청나게 행동하라'고 말한다. 이는 본질적으로 지금 내가 생각하는 방식, 설정한 목표를 완전히 뒤바꾸어 새로운 환경을 설정하라는 이야기이며, 이렇게 되면 자신 역시 그에 걸맞게 행동을 완전히 바꾸게 된다는 점이다.

예를 들어 연봉 1억이 목표인 사람이 그것을 위한 100이라는 노력을 기울인다고 해 보자. 그런데 만약 10억을 설정하고 또 10억을 벌지 않으면 안 되는 상황에 놓이게 되면 어떨까? 그때부터 사람은 자신이 원하든 원치 않든 1,000만큼의 생각과 행동을 하게 된다. 자기 삶에서 이제까지

만들어져 왔던 환경이 바뀌니까 자신도 모르게 그에 걸맞게 변하게 된다는 점이다.

이런 면에서 본다면 사람은 물과 비슷하다. 컵에 따르면 컵 모양이 되고, 대접에 따르면 대접 모양이 된다. 어려서부터의 환경 설정이 성인의 모습을 만드는 것처럼, 성인이 된 후에 우리가 하는 환경 설정은 미래의 나의 모습을 결정하게 마련이다.

이런 환경 설정은 의지력보다 더 강한 힘을 가지고 있다. 예를 들어 우리는 성공하기 위해서는 강한 의지력을 가져야 하고, 흔들림 없이 그것을 추진해 나가야 한다. 물론 당연한 말이고, 또 그래야만 한다. 우리가 사람인 이상, 매우 꾸준하고 전력을 다해 그것을 해내기는 쉽지 않은 일이다. 몸과 마음이 좀 더 편했으면 좋겠고, 힘든 일을 기피하고 싶어지는 건 당연하다.

작심삼일이라는 것은 본래부터 우리의 의지력이 얼마나 약한 것인지를 알려주는 말이기도 하다. 하지만 일단 강제적으로라도 환경이 설정되면 자기 생각과 행동도 완전히 달라진다.

2022년 7월, 처음으로 경산에 학원을 오픈하면서 큰 강의실을 6개 정도 마련했다. 그전까지 조그마한 8평짜리 방에서 하던 공부방과는 차원이 달라졌다. 한샘 원장과 함께 잘 준비해 개원했지만, 그만 초기에 한샘 원장이 쓰러져 병원에 실려 가게 되는 일이 발생했다. 처음에는 건강이 우선 걱정되었지만, 원장이 안정을 찾고 큰 문제가 없다는 점을 알게 된 후에는 학원 운영이 우려되었다.

당분간 한샘 원장이 강의할 수 없으니 6개나 되는 큰 강의실을 나 혼자 책임져야 하는 입장이었다. 아무도 없는 텅 빈 강의실에서 멍하게 앉아 있으니 이런 생각이 들었다.

"아, 내 인생은 왜 이렇게 난도가 높을까!"

그때 얻은 학원의 월세는 255만 원 정도였다. 경산에서는 제일 비싼 건물에 입주했기 때문이다. 과거 공부방을 하던 집의 월세는 50만 원 정도였는데, 무려 그 5배에 해당했다.

10배 클래스의 탄생 비화

당시의 사건은 내 환경이 강제적으로 설정된 것이라고 할 수 있다. 한샘 원장이 쓰러질지 누가 안단 말인가. 그런데 결과적으로 보면 이러한 환경 설정은 오히려 성공의 기폭제가 되었다. 강의실 6개에 맞는 사이즈로 내 실력과 노력을 키울 수 있었고, 수강생 한 명 한 명에게 더할 수 없는 관심을 기울였다.

지금은 어떻게 됐을까? 한마디로 수강생들로 바글바글한 상태이며, 나나 한샘 원장이 없어도 잘 운영되는 상태이다. 과감하게 서울 대치동으로 진출할 수 있었던 것 역시 바로 당시의 환경 설정 덕분이라고 할 수 있다. 그랜트 카돈의 말처럼, 그때의 일은 내가 10배 더 엄청나게 행동하도록 도움을 주었다.

2022년에도 '내 인생을 또 한 번 바꾼 사건'이 있었다. 당시 내가 진행했던 프로젝트명도 '10배 클래스'였으며, 공부방 운영에 관한 노하우를 20강 정도의 강의로 찍어서 온라인으로 판매했다.
중요한 것은 그 일을 시작했던 동기였다. 공부방 시절부터 학원까지 정말로 무한 직진하면서 살아왔기에 어느 순간 상당한 회의감에 빠져들었다. 너무 과도한 스트레스로 인해 몸은 대상포진으로 엉망이 되었고, 젊은 나이임에도 통풍에 걸릴 정도가 되었다.

처음 공부방을 시작할 때는 상상도 하지 못했던 돈을 번 것만은 틀림없지만, 과연 언제까지 이렇게 무리하면서까지 일을 제대로 해낼 수 있

| 열정적으로 강의 중인 필자의 모습 ❶ |

| 열정적으로 강의 중인 필자의 모습 ❷ |

을까도 걱정이 됐다. 1년만 더 이렇게 하다가는 큰일이 생길 것 같다는 생각도 들었다. 거기다가 학원으로는 아무리 많이 벌어도 한계가 있었다. 한 학생당 원비는 25~30만 원으로 한정되어 있었기 때문이다.

학생을 5만 명, 10만 명까지 늘린다면야 이야기가 달라지겠지만, 그렇게 하는 일은 절대 쉽지 않은 일이다. 그래서 아예 내가 처한 비즈니스의 환경 자체를 재설정해 보기로 했다. 그렇게 해서 시작하게 된 것이 바로 '10배 클래스'였다.

일단 그간 인스타그램에 공부방 관련 콘텐츠를 꽤 많이 올려놓았기 때문에 나름의 팬들이 꽤 많다는 사실을 알게 됐다. '공부방에 관한 노하우를 전수하는 강연을 찍어서 네이버 밴드에서 볼 수 있도록 만들면 어떨까?'라는 생각이 들었다. 총 20강의 강의료를 35~39만 원 정도로 설정했고, 인스타그램에 강의 소식을 알리면서 수강생을 모집했더니 순식간에 오십 명이 넘는 사람이 신청하는 게 아닌가.

'입금했습니다!'라는 댓글이 주르륵 달리면서 은행에서 오는 입금 알림 문자가 쉴 새 없이 울렸다. 얼마 지나지 않아 이런 내용을 한 인플루언서가 소개했는지 또다시 무려 삼십 명이 넘는 사람들이 결제했다는 문자를 보내왔고, 실제 입금이 되었다.

나는 강의를 볼 수 있는 밴드의 링크만 알려주면 끝나는 일이었기 때문에 아무리 수강생이 많아도 더 할 일은 없었다. 그렇게 해서 단 하루만에 벌었던 돈이 또다시 1,000만 원이었다.

내가 했던 프로젝트명이 '10배 클래스'였고, 수강생들의 수입을 10배로 올려 주겠다는 의도로 시작했지만, 정작 내 수입을 10배로 올릴 수 있는 흔치 않은 기회였다.

이렇듯 '이대로는 너무 힘들어. 강의 말고 온라인 콘텐츠를 통해서 돈을 벌어야겠다'는 생각의 대전환, 비즈니스 환경의 재설정은 실로 엄청난 결과로 이끌었다.

누구라도 현실에 안주하는 삶을 살고 싶지는 않을 것이다. 하지만 특별한 노력을 기울이지 않는 한 현실에 대한 안주는 자신도 모르게 생겨난다. 과거는 지나가 버렸고, 미래는 아직 오지 않았으니, 현재가 가장 중요하다고 여기게 되고 자연스럽게 관점은 현실의 유지에 치우치게 된다. 이럴 때일수록 눈을 들어 더 높은 곳을 보아야 한다. 바로 이때가 자신의 새로운 환경 설정이 시작되는 순간이기도 하다.

노빠꾸 실행력 파워 업

"원하는 목표를 이루고 싶다고 끝없이 자신을
채찍질하는 것도 쉽지 않은 일이다.
하지만 너무 오랜 시간 현실의 편안함에 안주하면
나중에는 더 아프게 자신을 채찍질해야 하는
순간이 다가올 수도 있다.
필요한 순간에 환경 설정을 바꿔 버리는 능력을 갖춰야 한다."

성공을 자동화하기 위해서는 무의식을 바꿔야 한다

!

"인간은 자신의 운명을 창조한다.
그러나 대부분은 그것을 무의식적으로 한다"

- 조지 버나드 쇼(극작가) -

환경 설정은 자신의 목표나 노력의 크기에도 작동하지만, 자신의 잠재의식에도 매우 깊이 관여하고 있다. 중요한 것은 잠재의식에 대한 환경 설정이 가지고 있는 매우 강력한 힘이다. 그것은 원하는 바를 '자동으로' 만들어 준다는 특징이 있다. 누구나 자신의 휴대폰의 환경 설정을 해 봤을 것이다. 자신의 목적과 취향에 맞게 한 번 설정해 두면 그다음부터는 굳이 다시 설정하지 않아도 모든 것이 자동으로 진행된다.

우리의 삶도 이렇게 자동으로 작동해 주면 얼마나 좋을까? 원했던 것들을 딱딱 자동으로 달성되게 한다면 말이다. 하지만 이런 일을 거의 판

타지에 가깝다고 여길 것이다. 물론 아무런 노력도 하지 않고 성과만 얻으려고 해서는 안 되지만, 여기에서 다시 한번 잠재의식에 대한 환경 설정에 주목해야 한다. 일단 한 번 환경 설정이 이루어지면, 생각보다 많은 것이 자동으로 풀리게 된다는 사실을 느낄 수 있을 것이다.

뇌의 90퍼센트가 진짜 하고 있는 일

'인간의 뇌는 전체의 10퍼센트 정도밖에 발휘되지 않는다'는 이야기를 들어보았을 것이다. 그러면 나머지 90퍼센트는 그냥 놀고 있는 것일까? 당연히 그럴 리는 없을 것이다. 전문가들은 뇌가 가진 10퍼센트의 능력은 의식의 영역에서 작동하지만, 나머지 90퍼센트는 겉으로는 잘 드러나지 않는 무의식과 잠재의식에서 작동하고 있다고 한다. 이는 자동적인 습관과 행동에 관여하고 있으며, 정서, 감정 혹은 자신에 대한 신뢰감의 밑바탕이 되고 있다. 이러한 잠재의식은 의식보다 더 강렬하게 작동하는 내부의 에너지이기도 하다.

자신이 보기에 엄청나게 어려운 일을 해낸 사람을 보면 '와, 대단하다', '어떻게 했을까?', '엄청난 의지력을 가지고 있나 봐'라고 생각하기 십상이다. 나 역시 성공한 사람들을 만나면서 정말로 감탄도 많이 하고, 그 사람이 부럽기도 했다. 그런데 정작 그 사람들이 말하는 성공의 비결은 다소 허탈할 정도로 별것 없다. 대부분은 "힘들지만 그냥 열심히 했어요"라거나 "그냥 저는 원래 하던 대로 했어요" 같은 말을 하곤 한다. 혹시 속으로는 잘난 척을 하고 싶지만 겉으로만 저렇게 이야기하는 건 아닐까라는 생각도 해 보았지만, 그들이 굳이 일부러 그렇게 말할 필요는 없는 듯 싶다.

시간이 흐르면서 그들이 대체 왜 그렇게 이야기하는지를 이제는 알 것 같다. 그들을 강력하게 끌고 갔던 것은 겉으로 드러나지 않는 잠재의식이었기에 사실 그것을 특별히 내세울 수가 없다. 그들 역시 목표를 추구하는 과정에서 장애물이 있을 것이라 예상하지만, 자신이 원하는 것을 이뤄내는 것을 거의 의심하지 않는다. 두려움이나 불안에 대한 감정이나 정서도 심하지 않고, 그까짓 것쯤은 충분히 이겨 내는 일이 정상이라고 확신한다. 그러니 자신의 노력이 헛되지 않을 것이라는 사실을 믿으며, 자신의 모든 것을 다 쏟아붓는다. 이런 잠재의식의 상태에 있는 사람이 성공하지 않는다는 것 자체가 오히려 이상한 일일 것이다.

결국 그들이 겉으로 하는 노력도 대단한 것이겠지만, 그 이전에 그들의 근본적인 정서, 감정, 자신에 대한 신뢰감 자체가 이미 성공하기에 최적화되어 있다. 그런데 이런 잠재의식과는 정반대의 사람이 있다고 해 보자. 시도도 하기 전에 계속 고개를 갸우뚱거리고, 주저주저하며, 무슨 일이 생기면 도망갈 궁리부터 하는 사람이 있다. 혹은 조금만 일이 꼬여도 짜증내고 귀찮아하는 사람이 과연 자신이 원하는 목표를 이뤄낼 수 있을까? 아마도 누가 생각해 봐도 불가능하다고 여길 것이다.

찍먹 하면 음식의 참맛을 모른다

따라서 목표를 추구하는 데 있어서 이러한 잠재의식을 선제적으로 잘 만들어 놓는 것이 매우 중요하다. 나 역시 처음 학원을 운영할 때는 여러 두려움과 불안에 시달리기도 했다. 하지만 여러 경험이 쌓이고 유의미한 자기 성찰을 하면서, 언제부턴가 무엇인가를 결심하고 도전할 때는 그것이 안 될 것에 대한 의심은 단 1도 하지 않았다. 지금도 '내가 하면 무조건 된다'고 여긴다. 물론 이것을 지나친 자만심으로 볼 수도 있지만 그것은 '나는 최고야'라는 맥락의 자만심이 아니다. 이제까지 방법을 찾아왔고 또 앞으로 그럴 것이니 시간만 걸릴 뿐, 성공적인 결과는 너무도 당연하다는 잠재의식의 상태에 가깝다.

이러한 잠재의식은 과거의 경험이 축적되어 만들어지기도 하지만, 자신의 의식적인 노력으로도 얼마든지 만들 수 있다. 뇌과학 분야에서 한결같이 하는 이야기는 '뇌는 길들이기가 쉽다'는 점이다. 특정한 사고방식이나 행동을 계속해서 하게 되면 뇌가 그것을 자연스럽게 받아들이고, 그것을 자동화한다는 점이다.

물론 초기에는 당연히 저항감이 있을 수 있다. 우리가 과거의 습관을 쉽게 바꾸지 못하는 이유도 바로 이러한 저항감이 있어서이다. 하지만 이것만 살짝 넘어설 수 있다면, 뇌는 마치 사나운 개가 갑자기 순종적으로 변하듯, 어느 순간 내 말을 아주 잘 듣는 순한 양처럼 변하게 된다. 긍정적인 자기 암시, 자신감 넘치는 자신과의 대화 등을 통해서 잠재의식을 변화시킬 수 있으며, 스스로 불안과 두려움을 내 의식의 영역에 들여놓지 않으려는 반복적인 훈련도 잠재의식의 환경 설정에 도움이 될 수 있다.

다만 이 과정에서 '찍먹'을 해서는 안 된다. 처음 먹어보는 낯선 음식이라면 맛이 없을까에 대한 두려움 때문에 살짝 찍어서 맛보는 경우가 있다. 그런데 처음 김치를 먹어보는 사람이 김칫국물을 살짝 찍어 먹는다고 진정한 김치 맛을 알 수 있을까? 마찬가지로 자신의 잠재의식을 바꾸고, 그로 인해서 내면의 에너지 전체를 바꾸기 위해서는 한두 번의 노력으로는 불가능하다. 이런 찍먹에 익숙할 사람일수록 자신의 노력에 대한 허세를 부리는 일이 많다. 마치 자신이 대단한 노력을 기울이고 엄청난 정성을 기울인 것처럼 말하지만, 실상 그가 해 놓은 결과를 보면 도저히 그럴 리가 없다는 판단이 들곤 한다.

잠재의식이 강해지면 만사가 조금은 더 쉽고 편해진다. 무한한 내면의 에너지가 그때그때 솟아 나와 어려움도 조금 더 쉽게 넘어가게 해 주고, 넘어져도 당연한 듯 툭툭 털고 일어서게 해주며, 불안이나 두려움, 징징대는 쓸데없는 감정도 줄여준다. 그때부터는 한마디로 '성공이 자동화되는 시기'로 들어갈 수 있다.

노빠꾸 실행력 파워 업

"우리가 잠재의식을 재구축하지 않으면,
결국 잠재의식이 나를 지배하는 상태가 된다.
이런 상태에서 변화란 요원하고, 성과가 날 리도 만무하다.
정말로 나는 어떤 사람이 되고 싶은가를 생각하고,
그것을 향하는 잠재의식을 만들어 가보자."

더딩글, 대박을 만들어낸
생각의 전쟁

!

"당신이 어떤 생각을 하느냐에 따라서 당신의 인생이 결정된다."
- 랄프 왈도 에머슨 (시인, 사상가) -

생각은 아주 강한 힘을 가지고 있다. 생각과 관련된 많은 영역에서 힘을 의미하는 력ヵ이라는 글자가 붙는다. 사고력, 논리력, 분석력, 추리력, 상상력…. 이러한 힘들은 내게 주어진 현실까지 변화시키고 뒤바꾸는 놀라운 역할을 한다. 어떻게 보면 이제까지의 내 삶을 이끌어 온 원동력이야말로 이러한 생각의 힘이라고 할 수 있다. 물론 공부방과 방문과외의 시작도 그랬지만, 내 인생 최초의 사업이라고 부를 수 있는 스터디카페인 더딩글이 가장 대표적이다. 안타까운 나의 현실을 타개하고 싶다는 마음에서 시작된 치열한 '생각의 전쟁'을 거쳐 오늘날 전국 40여 개 지점을 일구어냈다. 아무것도 없는 제로(0)의 상태에서 세상에 없는

나만의 창조물을 만들어냈다. 프랜차이즈라고 하더라도 무한정 늘릴 수 없을 것이다. 그런데도 전국에 100곳 정도까지 확장할 수 있으니, 여전히 사업의 성장 가능성은 크다. 이후에 학원 사업을 본격적으로 전개하고, 지금도 여러 사업을 꿈꿀 수 있는 것도 역시 이 더딩글의 성공 경험이 매우 큰 부분을 차지하고 있다. 더딩글의 창업 이야기를 들어본다면, 자신의 현실을 어떻게 타개할 수 있는지에 대한 적지 않은 영감을 얻을 수 있을 것이다.

궁리하면 할수록 인생은 쉬워진다

2021년까지만 해도 나에게는 빚이 적지 않았다. 물론 공부방으로 상당한 돈을 벌고 있다고는 했지만, 나가는 것도 많았고 그 비용을 감당하려니 카드 빚만 무려 3,000만 원이 넘었다. 신용점수 또한 처참한 수준이었다. 당시 나의 유일한 답은 아이들을 더 많이 가르치는 것뿐, 다른 대안을 생각할 수는 없었다. 열심히 아껴서 갚으니 빚은 2,000만 원대로 떨어졌지만, 어느 순간 정신 차려 보면 또 3,000만 원으로 올라가 있는 일이 부지기수였다.

'어떻게 해야 내 인생을 바꿀 수 있을까?'

그 상황에서는 학원을 여는 것이 정답이었다. 수학 교습에는 자신이 있었으니까 학원을 열면 공부방의 한정된 인원을 타개할 수 있고, 버는 돈은 2~3배가 늘어날 수 있기 때문이다. 하지만 결정적인 부분은 돈이 없었다는 점이다. 그래도 월세나 알아보자는 생각으로 부동산을 돌아다니다 보니 상당히 저렴한 가격대가 있었다. 하지만 인테리어 비용을 감안한다면 아무리 월세가 싸도 무리였다.

그런데 그때 한때 꽂혀 있었던 스터디카페에 대한 생각이 떠올랐다. 2017년부터 스터디카페 사업에 대한 관심이 있었지만, 공부방을 하다 보니 엄두를 내지 못했다. 그런데 만약 월세가 저렴하다면? 사실 스터디카페는 누군가 인력을 고용해야 하는 것도 아니고, 상담에 많은 시간을 들이는 사업도 아니다. 그저 시스템만 잘 만들어 놓으면 되니까 좀 간단하게 말하면 내야할 월세가 손익 분기점이 되는 셈이다. 만약 고정석 세네 명만 확보하면 충분히 가능한 일이다. 마음이 한결 가벼워졌지만, 역시 스터디카페를 하는 데에도 인테리어는 필수다. 책상, 의자, 조명, 벽지 등 비용을 투자할 것이 한두 가지가 아니었다. 특히 특정 브랜드에 가입해서 창업하려면 억대의 비용은 필요하니 이런저런 고민이 될 수밖에 없었다.

'하, 이제 이것마저 할 수 없는 상태란 건가…'

충분히 낙담할 만한 상황이었지만, 그래도 뭔가 방법이 있지 않을까 하는 간절한 마음으로 생각에 생각을 거듭했다. 창업 비용을 최대한 적게 들이는 법, 돈을 빌릴 수 있는 방법, 가장 빠르게 창업할 수 있는 갖가지 방법을 찾아 헤매기 시작했다. 그러자 서서히 하나둘씩 방법을 알게 되었고, 그 생각을 따라 실천하자 어느 순간 대박이라고 할 만한 수익도 생겨났다.

뜨개질하러 스터디카페에 오라고?

상황을 타개할 수 있는 첫 번째의 생각은 '내 브랜드로 해 보자'였다. 스터디카페 프랜차이즈에 가입하게 되면 도저히 초기 비용을 감당할 수 없으니, 그냥 직접 네이밍하고, 실내 인테리어를 하면 훨씬 창업 비용이 적게 들지 않을까 하고 생각했다. 그래서 가장 먼저 했던 일은 공간 디자인을 전공했던 여자 친구에게 설계를 맡기고, 대출을 좀 받아달라고 부탁했다. 물론 당시에 "창업 비용이 약간 모자라"라고 말했다. 마치 전체 금액의 90퍼센트는 있으니, 네가 마지막 10퍼센트만 도와달라는 어투였지만, 당연히 얼마 가지 않아 여자친구에게 발각당하고 말았다. 매우 평범한 직장인이었던 그녀에게는 큰 도전이었지만, 어쨌든 흔쾌히 수락하고 함께 뛰어들었다.

가장 힘들었던 것은 책상이었다. 목수가 짜 놓은 책상 틀에 거의 밤을 새워가면서 이케아에서 사온 상판을 결합했다. 며칠간 팔과 다리가 욱신거렸지만 스터디카페는 조금씩 완성되어 갔다. 초기 스터디카페의 콘셉트를 잡아 나가는 데 있어서는 여자친구의 생각이 매우 결정적인 성공의 포인트가 되었다. 수많은 스터디카페를 다녀본 결과 우리는 '이제까지 본 스터디카페는 공간이 너무 삭막하다'고 결론내렸고, 이 부분을 바꾸기 위해서 책상과 의자의 색상은 흰색으로 결정했다.

사실 '스터디카페는 공부하는 진지한 공간'이라는 나의 고정관념 탓에, 책상을 흰색으로 한다는 것은 단 한 번도 고려해보지 못했던 터였다. 거기다가 그녀는 마케팅도 완전히 다른 발상으로 진행했다. '공부하기 위해 더딩글에 오세요'가 아닌, '뜨개질 하러 더딩글에 오세요'라거나 '영화 한 편 보러 더딩글에 오세요'라는 식이었다. 스터디카페를 자신의 취향을 만족시키고 자신의 취미를 구현하는 공간으로 바꿔버린 완전한 생각의 대전환이었다. 결국 더딩글의 문을 열고 마케팅을 하면서도 우리는 '과연 고객이 있을까?'라며 자신감을 가지지 못했다. 거기다가 하얀색 책상을 구비한 더딩글에 과연 초집중이 필요한 로스쿨이나 공무원 준비생들이 올까도 의문이었다.

그런데 나의 예상은 완전히 빗나가고 말았다. 처음 한꺼번에 등록한 네 명의 고객은 모두 로스쿨 입학을 준비하는 분들이었다. 처음 누군가가 결제했다는 소식을 듣고는 '혹시 그분들이 뭘 착각해서 결제를 한 건 아닐까?' 하는 의심이 들 정도였다. 이때부터는 더딩글의 성공 가능성에 대해 확신을 하기 시작했고, 오늘날 40여 개 지점이라는 상상하지 못했던 기록을 쓰고 있다. 더딩글의 창업 스토리는 우리가 하는 생각이라는 것이 얼마나 대단한 힘을 가지고 있는지를 잘 보여준다. 물론 나 역시 혼자 하는 생각이 현실에서 물리적인 실제로 변하고, 그것이 구체적인 돈의 액수로 변화하는 일이 무척 신기하게 느껴지지 않을 수 없었다.

요즘 청년층은 생각하는 힘이 떨어진다고들 말한다. 디지털 기기에 너무 의존하고, 특히 인공지능AI을 많이 활용하다 보니 스스로 생각할 필요가 없어지고 있다. 하지만 자신의 인생을 뚫고 나가고 삶을 변화시키는 동력은 결국 '자신이 하는 차별화된 생각의 힘'에 달려 있다고 해도 과언이 아니다.

❗ 노빠꾸 실행력 파워 업

"생각은 공짜다.
아무리 많은 생각과 상상을 하든 우리가 내야 할 돈은 없다.
하지만 그 생각으로 얻을 수 있는 이익은 무한대라고 해도 과언이 아니다.
열정 가득한 노력도 남들이 하지 못한 생각에 따라서 그 결실을 볼 수 있다.
주어진 현실을 타개하기 위해서는 끊임없이 생각하고
그것을 현실에 적용해 나갈 수 있어야만 한다."

PART 3

입소문 나길
기다리기 전에
마케팅으로
승부하라

전단과 SNS으로 시작해
블로그로 완성하는 마케팅의 핵심

'마케팅'이라고 하면 매우 긍정적으로 보는 사람도 있지만, 반대로 그리 좋지 않은 시각으로 보는 경우도 있다. 특히 학원가에서는 '입소문만 나면 학원은 다 잘되는 거 아니야?'라는 안타까운 고정관념이 있다. 이렇게 생각하는 사람들에게 학원 마케팅에 관해 이야기하면, '강사들의 실력은 없으면서 홍보만 잘하는 기술'로 받아들이곤 한다. 더 나아가 마케팅하고 싶어도 특별한 노하우가 없는 사람은 아예 시도해 볼 노력조차 하지 못하는 일도 있다.

 또한 학원 마케팅을 단순한 광고와 같은 것이라고 오해하는 분들도 적지 않다. 동네 플래카드나 SNS를 활용하여 개원 소식을 알리고, 학원의 시스템과 학생들의 성적이 얼마나 올랐는지를 끊임없이 전파하는 것을 마케팅이라고 여기기도 한다. 하지만 단언하건대, 이런 방식으로는 단 1의 효과도 없다. 마케팅은 광고와는 완벽하게 차원이 다른 것이며, 따라서 그 결과마저 완전히 다르게 만들어낸다.

마케팅은 광고가 아니라
감정적 결합이다

!

"비즈니스의 목적은 고객을 만들어 내는 것이다.
이를 위해서는 두 개의 기본 요소가 필요하다.
바로 마케팅과 혁신이다"

- 피터 드러커(경영 사상가) -

우선, 마케팅을 강조한다고 해서 학원의 실력이 없어도 된다는 이야기는 절대 아니다. 나무가 자라는 것에 비유해 보면, 왜 마케팅이 필요한지 알 수 있다. 나무가 잘 자라기 위해서는 토양이 좋아야 한다. 영양 물질이 풍부한 좋은 흙이 나무를 튼튼하게 자라게 하기 때문이다.

그런데 토양만 좋으면 나무가 잘 자랄까? 그렇지 않다. 수분도 적절하게 공급되어야 한다. 이제 막 심은 나무라면, 하늘에서 내리는 비를 맞는 것이 최적의 환경이 된다. 좋은 토양이 학원의 실력이라면, 하늘에서 내리는 비는 마케팅에 해당한다. 실력과 마케팅이 결합한다면, 이제

막 개원한 학원조차 동네 학부모님들의 관심을 한 몸에 받으며 쑥쑥 성장할 수 있게 된다.

선택지가 늘어나는 학부모, 선택받지 못하는 학원

지금은 마케팅하지 않으면 도저히 살아남을 수 없는 시대가 되었다. 일단 우리나라 출산율은 2001년부터 1.3명이 되기 시작하면서 2024년 현재, 출산율은 0.75명이다. 이 말은 곧 학생들이 줄어든다는 의미이며, 동시에 학원에 등록할 가능성이 있는 학생 역시 감소한다는 뜻이기도 하다.

반면에 학원 창업 수요는 크게 줄어들지 않는다. 결국 학생들은 선택지가 많은 반면, 학원 원장님들은 그만큼 선택받을 기회가 줄어들게 된다. 따라서 어렵게 학원을 창업했지만, 그만큼 폐업의 시기도 빠르게 다가올 수밖에 없다. 그러니 '입소문만 나면 학원은 다 잘되는 거 아니야?'라는 말은 정말로 한가한 소리일 뿐이다. 입소문이 나길 기다리는 시간 동안 원장님은 점점 지쳐가고, 통장의 잔고는 계속 줄어들며, 결국 학원 인테리어 철거 비용조차 없는 최악의 상태로 몰리는 일이 허다하다. 결국 마케팅을 통해 내 학원을 잘 알리지 못한다면 성공은 멀어지기만 할 뿐이다.

다만 학원 경영의 본질적인 요소인 강사의 실력과 관리 능력을 무시할 수는 없다. 좋은 토양이 없는 상태에서 물만 계속해서 부어준다면, 결국 뿌리는 썩게 마련이다. 따라서 만약 수업 실력이 부족할 때에는 아예 마케팅하지 않는 것이 더 낫다. 나 역시 학원을 확장해 나가는 과정에서 특정 시기에 학원이 내적으로 충실해지지 못했다고 판단되면, 아예 마케팅 자체를 중단한다. 그런 상태에서는 마케팅을 해 봐야 결국 마이너스를 기록하기에 차라리 하지 않는 것이 더 현명하다.

가장 먼저 알아야 할 것은 일반적인 광고와 마케팅의 결정적인 차이점을 아는 일이다. 이 둘을 정확하게 구분하지 못하면 학원 마케팅의 본질로 진입하지 못하게 되고, 심지어 '마케팅 무용론'에 빠질 수도 있다.

결코 합리적이지 않은 소비행태를 파악한다

학원 마케팅에 큰 관심을 가지게 된 것은 '행동 경제학'이라는 분야를 공부하면서부터다. 군 복무 당시 엄청난 양의 독서를 했으며, 그중에서도 행동 경제학은 나에게 큰 영감을 주었다. 이 학문의 핵심 중 하나는 '인간의 소비는 결코 합리적이지 않다'는 점이다.

명품이 그 대표적인 예다. 사람들은 단순히 소지품을 넣는 기능을 위해 1,000만 원짜리 명품 가방을 구매하지 않는다. 그 기능만 필요하다면 동대문에서 10만 원짜리 가방을 사도 충분하다. 그런데도 100배 가까운 돈을 지불하며 명품을 구매하는 이유는 '우월감'이라는 감정을 얻기 위해서다. 만약 소비가 철저히 합리적으로 이루어진다면, 명품은 팔리지 않아야 한다. 그렇지만 현실에서는 그렇지 않기에, 명품은 여전히 전 세계적으로 큰 인기를 끌고 있다.

그러나 '사람들의 소비가 합리적이지 않다'는 말이 곧 '사람들은 바보처럼 소비한다'는 의미는 아니다. 오히려 소비를 결정하는 기준이 단순한 가격과 기능만이 아니라는 뜻이다. 어떤 경우에는 회사나 브랜드에 대한 신뢰가 선택의 기준이 되기도 하고, 흥미로운 이야기나 감동적인 경험, 혹은 미래에 대한 희망이 중요한 요소가 되기도 한다. 이러한 다양한 선택의 기준을 하나로 묶어본다면, 그것은 바로 '감정적 결합'이다. 즉, 소비자와 상품, 혹은 소비자와 서비스가 특별한 방식으로 감정적으로 연결되며, 이것이 구매를 결정짓는 핵심 요인이 된다.

수년간 변화해 온 아이돌의 데뷔 방식이 이를 잘 보여준다. 과거에는 대중에게 어필할 만한 노래를 만들고, 화려한 콘셉트와 댄스를 준비한 후 데뷔한 뒤에 팬을 모으는 방식이었다. 그런데 아이돌 그룹 간의 경쟁이 심화하면서, 전혀 새로운 전략이 등장했다. 바로 '다큐멘터리로 먼저 데뷔하는 방식'이다.

이 방식에서는 연습생 시절의 멤버들이 겪은 고난과 힘겨움, 그리고 각자의 매력이 다큐멘터리를 통해 먼저 공개된다. 이를 통해 데뷔 이전에 이미 팬을 확보하는 것이다. 즉, '데뷔 후 팬 확보'가 아닌 '팬 확보 후 데뷔'라는 전혀 다른 공식을 만들어 낸 것이다.

여기에서 감정적 결합이 중요한 역할을 한다. 사람들은 아이돌이 어떤 노래를 발표할지도 모르는 상태에서 먼저 그들과 감정적으로 연결된다. 인간적인 매력을 느끼고, 그들이 겪은 힘난한 여정에 감동하면서 자연스럽게 신뢰와 기대감을 갖게 되는 것이다.

다큐멘터리는 사람의 마음을 움직이는 강력한 도구로 감정적 결합을 만들어 내는 효과적인 방법이다. 노래나 춤만으로는 전달하기 어려운 인간적인 매력을 충분히 보여줄 수 있기 때문이다. 먼저 다큐멘터리를 통해 팬이 된 후, 이후 발표되는 노래와 퍼포먼스에 열광하게 된다.

학원 마케팅은 학부모와의 감정적 결합이다

인플루언서들이 공구^{공동 구매}를 진행하는 방식도 이와 비슷하다. 인스타그램을 막 시작한 사람이 처음부터 공구를 진행하지는 않는다. 먼저 인플루언서로 자리 잡아 많은 팬을 확보하고, 그들과 감정적으로 충분히 교류한 뒤에야 공구를 진행한다. 그러면 한 번의 공구로 수억 원대의 매출이 발생하기도 한다. 이렇게 같은 물건을 일반 홈쇼핑이 아닌 인플루언서를 통해 구매하는 것은 판매자와의 감정적인 교류가 요인으로 작용한다.

지금까지 설명한 내용이 바로 마케팅과 광고의 결정적인 차이점이다. 광고는 '우리 제품이 저렴해요', '가성비가 뛰어나요'라고 말하는 일이다. 하지만 이런 말을 하지 않는 기업은 없다. 모든 기업이 자사 제품이 좋다고 강조한다. 그러나 마케팅은 이런 방식과는 다르다. 마케팅은 소비자에게 신뢰, 감동, 희망을 전달하면서 강력한 감정적 결합을 형성하는 과정이다. 이렇게 되면 소비자는 주저 없이 선택하고, 그 제품과 서비스에 충성도를 갖게 된다.

학원 마케팅도 이 원리를 따라야 한다. '우리 학원 선생님 실력이 뛰어납니다', '최고의 수업 방식을 제공합니다', '성적을 확실하게 올려드립니다' 같은 말은 광고일 뿐이다. 그런데 대부분의 학원이 이러한 방식으로 광고한다. 그런데 이런 식으로는 차별화를 끌어낼 수 없다. 따라서 학원 마케팅 역시 학부모와의 감정적 결합을 시도해야 한다. 바로 이것이 학원이 생존하는 궁극적인 비결 중 하나라고 할 수 있다.

노빠꾸 실행력 파워 업

"마케팅은 선택이 아니라 필수다.
요즘에는 학원 생존을 위해 꼭 필요하다.
지역과 상관없이 모든 원장님이 해야 하며,
로직보다는 차별화된 글을 싣는 것이 목표가 되어야 한다."

'학원 이야기'라는
무한한 셀링 포인트

!

"고객을 만족시키는 가장 좋은 방법은
고객의 기대를 뛰어넘는 것이다."
- 리처드 브랜슨(경영자) -

앞에서 마케팅과 광고의 결정적인 차이점을 말했으며, 그 핵심은 감정적 결합이라고 했다. 좀 더 전문적인 용어로 말하면 '셀링 포인트Selling Point'라고 할 수 있다. 소비자가 물건을 구매할 때 '와, 이 점이 너무 좋은데?'라고 하는 지점이 바로 셀링 포인트다. 가격이 저렴하다든지, 디자인이 너무 예쁜 것 등등 모두 제품이 가지고 있는 나름의 셀링 포인트이다. 그렇다면 이제부터 중요한 질문은 바로 '학원의 셀링 포인트는 무엇인가?'이다. '우리 학원생이 100점 맞았어요'라는 글과 학생이 손으로 V자를 그리는 사진이 있다면 과연 셀링 포인트가 될까? 아니면 원장님의 이력이 대단하다면 확실한 셀링 포인트가 될까? 물론 이러한 점들은 학원을 알리는 중요한 계기가 될 수는 있어도 직접적인 셀링 포인트는 아니다. 학부모는 그것만으로는 아직 그 어떤 감정도 생기지 않기 때문이다.

생존 본능과 결합한 이야기의 힘

인간에 대한 정의는 꽤 많다. '슬기로운 인간'이라는 뜻의 호모 사피엔스, '놀이하는 인간'이라는 뜻의 호모 루덴스, '경제적 인간'이라는 뜻의 호모 에코노미쿠스도 있다. 보는 관점에 따라서 모두 제각각으로 정의된다. 그런데 많은 사람이 인정하는 또 하나의 인간에 대한 정의가 있다. 그것은 바로 호모 픽투스Homo Fictus, 이야기하는 인간이라는 점이다. 생각해 보면 이야기만큼이나 인간을 강렬하게 끌어들이는 것도 많지 않다. 우리 주변에도 이야기는 수없이 넘쳐난다. 어릴 적 읽었던 동화는 물론이고, 드라마, 영화, 뮤지컬, 문학작품, 웹툰도 모두 스토리다. 심지어 사람들이 만나서 하는 수다나 뒷담화 역시 거의 스토리의 형식을 띠고 있다. 사람들은 이러한 스토리에 강렬하게 반응하고, 심지어 감동적인 이야기는 한 사람의 인생을 바꾸기도 한다.

전문가들은 인간이 이렇게 스토리에 강렬하게 이끌리는 이유는 생존 본능과 연관이 있다고 말하기도 한다. 자연 속에서 살아남는 것이 최대의 목적이었던 인간은 이야기를 들으면서 사람이 언제 위험해지는지, 어떻게 하면 그 위험에서 빠져나올 수 있는지를 시뮬레이션했다고 한다. 그러니 이야기는 단순히 '재미있는 것'이 아니라 '살아남기 위해서 필수적인 것'이라는 의미를 담고 있다. 그러니 오늘날에도 수많은 이들이 이야기에 빠져드는 이유를 알 수 있을 것이다.

그런데 사람들이 강렬하게 끌리는 이야기에는 하나의 공통된 라인이 있다고 한다. 그것은 바로 주인공이 난관과 역경에 직면하다가 그것을 해결해 줄 수 있는 조력자나 가이드를 만나고, 그 결과 실패를 이겨내고 궁극적으로 번영과 성장의 길로 나아간다는 점이다. 사실 이러한 관점으로 세상의 이야기를 되돌아보면 거의 맞아떨어진다. 마블의 영웅 이야기나, 멜로영화도 비슷한 맥락이다. 주인공이 처음에는 힘들고 괴로우며 어려운 일을 만나서 스스로 혹은 타인에 의해 각성하고, 결국에는 어려움을 뚫고 성장하고 사랑하고 번영한다는 이야기다. 이런 이야기를 보고 들으면서 사람들은 주인공을 걱정하기도 하고, 존경하기도 하며, 그 주인공을 통해서 삶의 감동과 희망을 얻기도 한다.

이제까지 했던 인간에 대한 정의, 생존 본능, 이야기라는 매력적인 도구가 학원 마케팅과 도대체 무슨 관련이 있냐고 의아할 수도 있다. 그러나 자세히 들여다보면 학원이야말로 이러한 극적인 이야기를 만들어내기에는 최적의 공간이다. 감동과 희망, 성장과 번영이라는 콘텐츠의 산실이라는 사실을 알 수 있다.

학원이라는 거대한 이야기의 바다

학원 이야기에 등장하는 주인공은 시험 성적이 바닥을 치는 부적응 학생이며, 하루 7시간씩 롤을 하는 게임 중독자이며, 엄마 말은 지지리도 듣지 않는 청개구리 같은 자녀들이다. 이들은 모두 각자 난관을 겪고 있으며, 매우 힘든 상태에 처해 있다. 그런데 바로 여기에서 조력자와 가이드가 등장한다. 바로 학원 원장과 선생님이다. 이들은 치열하게 고민하고 가르쳐서 학생이라는 주인공이 실패를 피할 수 있도록 해 주고, 궁극적으로는 성적 향상이라는 원하는 결과로 이끈다. 이것은 한 편의 영화이고, 본질적으로 학부모를 몰입하게 만드는 탁월한 스토리이다.

바로 이러한 스토리를 접하면서 학부모는 드디어 감정적인 결합을 하면서 '아, 내 아이도 이렇게 될 수 있겠구나'라는 희망을 가지고, 자녀의 성장과 번영에 대한 강렬한 소망을 품게 된다. 학원 이야기의 주인공은 꼭 학생만이 아니다. 원장도 사실은 매우 중요한 주인공이다. 학생들을 지도하기 위해 밤낮없이 고민하는 원장, 때로는 자신의 한계에 대한 걱정을 하면서도, 그런데도 씩씩하게 아이들을 위해 열심히 노력하는 원장 역시 드라마에 등장할 법한 모습이다. 여기에서 학부모들은 또 한 번 감정적인 결합을 하게 된다. 바로 이러한 원장에 대한 존경과 감동, 그리고 믿음이 생길 수 있다.

실제로 원장님들을 만나 보면 누구나 몇 가지 무용담 정도는 가지고 있다. 개인적인 스토리나 혹은 학생에 관한 무용담도 있으며, 이것이 섞여 있기도 한다. 부모도 제대로 컨트롤하지 못했던 학생이 등록해서 골치가 아팠지만, 그 아이를 위해 열심히 노력했더니 어느덧 모범생이 되었다는 이야기가 가장 전형적이다.

앞에서 '마케팅적 차원에서 학원의 셀링 포인트는 무엇일까?'라는 질문을 던졌었다. 그 본질적인 면을 바라본다면, 그것을 잡는 일은 그리 어렵지 않다. 그것은 바로 '학원에서 발생하는 감동적인 스토리로 꿈과 희망을 주는 것'이라고 할 수 있다.

'와, 내 아이도 이 학원에 가서 저렇게 열심히 하는 원장님과 함께 공부하면 뭔가 변하지 않을까?'라는 희망이 생겨난다. 사실 내 아이가 저 학원에 가서 점수가 몇 점이 오를지는 나중의 문제다. 그건 일단 학원을 다녀봐야 알 수 있다. 하지만 많은 학원 중에서 딱 하나를 선택해야 하는 학부모의 입장에서는 단연 자신에게 희망을 주는 학원, 신뢰가 가는 원장을 선택할 수밖에 없다.

　더 재미있는 사실은 이러한 이야기가 학생마다 전부 다르고, 학원마다 무궁무진하게 만들어 낼 수 있다는 점이다. 세상에 똑같은 인생 스토리를 가진 사람이 단 한 명도 없듯이, 학원 원장님도, 학생들의 이야기도 마찬가지다. 그러니 원장님들이 무엇이든 자신이 겪었던 경험을 토대로 이야기를 만들어 낸다면, 그 자체로 세상에 둘도 없는 독창적인 스토리이자 탁월한 콘텐츠라고 할 수 있다.

노빠꾸 실행력 파워 업

"학원의 셀링 포인트를 제대로 만들기 위해서는
감동과 희망을 주는 스토리에 집중해야 한다.
이러한 관점에서 학생들을 다시 보고,
학원에서 발생하는 일들을 되돌아본다면
원장님 스스로 스토리텔러가 될 수 있다."

왜 블로그가
최적의 학원 마케팅 수단이 될까?

!

"사람들은 제품을 사는 것이 아니라,
그 제품이 만들어내는 이야기를 산다."

- 도널드 밀러(기업가)-

    학원 마케팅의 본질을 알았다면, 이제부터는 그것을 어떻게 구현해 낼 수 있는지에 대한 방법을 알아봐야 한다. 그중에서도 우리는 과연 어떤 매체를 선택할지를 결정해야 한다. 우리에게 주어진 것들은 꽤나 많다. 플래카드도 있고, 전단도 있으며, SNS, 블로그, 유튜브에 이어 해당 지역에서만 방송되는 지역 방송의 CF도 있다. 물론 이 모든 것을 한꺼번에 다 하면 효과적이겠지만, 문제는 비용이 지나치게 많이 들고, 여기에 쏟아부을 수 있는 노력에도 한계가 있다. 따라서 가장 효과적인 수단을 선택해 최소한의 노력으로 최대한의 효과를 만들어내야만 한다.

이제까지 적지 않은 마케팅 경험에 근거한다면, 그것은 바로 '전단이나 SNS를 시작으로 블로그로 유입되는 경로'이다. 전단과 SNS가 미끼의 역할을 한다면 블로그는 마케팅을 완성하는 매우 파워풀한 방법이다. 이렇게 이야기하면 어떤 원장님은 '이 시대에 웬 전단?'라고 할 수도 있고, '블로그는 이제 한물갔고, 오히려 유튜브가 더 낫지 않아?'라고 반문하는 경우도 있다. 하지만 마케팅에서의 매체 선택은 해당 마케팅 방법이 가장 효과적인 것이 되어야만 한다. 영상이라고 무조건 좋은 것도 아니고, 종이 전단이라고 해서 효과가 없는 것도 아니다.

마케팅이라면 무조건 SNS?

학원 마케팅이라고 하면 대표 SNS인 인스타그램, 페이스 북, X를 들수 있다. 누구나 스마트폰을 가지고 있으며, 사람들이 가장 많은 관심을 가지고 있으니 이러한 SNS를 활용하면 최고의 수단이라고 예상할 수 있다. 하지만 정작 우리가 생각해야 할 것은 '학원 마케팅'의 본질이다. 앞서 분명하게 이야기했듯 학원 마케팅은 '이야기를 통한 감정적 결합'이라고 했다. 그런데 SNS는 흥미, 호기심을 유발할 수는 있어도 이야기를 전달하기에는 지나치게 짧은 숏폼Short Form이다. 눈을 확 끄는 사진과 짧은 동영상, 몇 줄의 글을 게시할 수는 있어도 학원에서 만들어지는 이야기들을 체계적인 방식으로 전달하기에는 현저하게 부족한 매체라고 할 수 있다.

예를 들어 한 편의 영화를 10분으로 압축해 본다고 가정해 보자. 못할 것은 없지만, 영화가 주는 온전한 감동을 담아내기에는 확실히 부족한 시간이다. '아, 이야기가 이렇게 전개되는구나!'라는 것은 알 수 있어도 그 영화에 깊이 몰입하기에는 한계가 있다는 이야기다. 따라서 SNS는 학원 마케팅의 미끼는 될 수 있어도 궁극적인 역할을 담당하기는 힘들다.

블로그가 선택되어야 하는 이유는 그것이 바로 롱폼Long Form이기 때문이다. 원하는 내용을 얼마든지 적어나갈 수 있으며, SNS와는 다르게 다소 긴 동영상을 올리더라도 사람들은 관심이 있다면 참을성 있게 볼 수도 있다. 특히 중요한 점은 체계성이라는 부분이다. 블로그는 SNS와는 달리 카테고리를 만들 수 있다. 따라서 원하는 내용을 한쪽으로 모아서 효과적으로 내용을 전달하기에는 매우 좋다.

이렇게 하면 "유튜브도 괜찮지 않나요?"라고 말할 수 있지만, 문제는 일반인들이 꾸준하게 유튜브를 하기에는 진입 장벽이 너무 높다는 점이다. 자막이나 음악을 넣는 별도의 편집 과정도 거쳐야 하고, 대본도 써야 하는 등 일반인들이 해내기는 시간이 오래 걸리고, 노력도 한정 없이 들어가야 한다. 이 모든 것을 하면서 학원을 운영하는 것은 사실 거의 불가능에 가깝다.

모든 걸 알고 다이어트를 할 순 없다

그런데 원장님들 중에는 정작 블로그에 대해 의구심을 가지는 분들도 있다. 예를 들어 '정말로 블로그가 효과가 있을까?'라는 점이며, 또 하나는 '아무리 블로그에 글을 써도 별 효과가 없었다'는 점이다. 이 두 가지 문제에 관해 의문점을 해결하지 못하면 블로그 마케팅을 꾸준하게 시도하지 못할 것이다. 그렇다면 과연 정말로 블로그 마케팅은 이제 효과가 없을까?

지방 소도시, 경기도 외곽, 혹은 더 극단적으로 도시에서 먼 지방의 학부모들이 블로그를 찾아보느냐는 점이다. 이러한 의문에 대해서는 '지방 혹은 더 외진 시골에 거주하는 학부모들도 거의 대부분 블로그를 찾아보고 학원을 결정한다'라고 자신 있게 말할 수 있다.

지금은 도시에서 멀리 떨어져 있는 지역이라도 인터넷을 하지 않는 사람은 거의 없다. 농사를 짓는 어르신들조차 스마트폰으로 유튜브를 보는 세상에, 비교적 젊은 학부모들이 인터넷을 하지 않는다는 것은 말이 되지 않는다. 단순히 배달 음식 하나를 시켜 먹기 위해서도 처음 주문하는 곳이면 블로그에서 해당 음식점을 미리 찾아보는 것이 일상적인 일이다. 그런데 자신의 소중한 자녀가 다닐 학원을 결정하는 데 동네에 있는 학원에 대한 블로그를 검색하지 않는다? 도저히 있을 수 없는 일이다. 아무리 바쁜 워킹맘이라고 하더라도 그 정도의 시간은 낼 수 있으며, 오히려 워킹맘일수록 인터넷 검색은 더욱 능숙하다. 결국, 지역에 상관없이 학원에서의 블로그 마케팅은 필수적이라고 단언할 수 있다.

다만, 아무리 블로그를 해 봐야 노출이 되지 않는데 무슨 소용이냐고 말할 수는 있다. 또한 정반대로 글이 상단에 노출되는 알고리즘을 타기 위한 연구에 너무 많은 시간을 투자하는 원장님도 있다. 그러다 보니 시간과 공력이 너무 과도하게 들어가고, 차라리 그 시간에 학원생에게 더 신경을 쓰겠다며 아예 포기하기도 한다. 이런 분은 다이어트를 위해 너무 다양한 지식을 공부하는 사람에 비유할 수 있다.

누군가가 다이어트를 하기로 결심했다고 해 보자. 이론적인 면을 철저하게 공부하고 완벽한 다이어트를 하겠다는 의지로 아침에는 차 한 잔으로 시작해서, 식사 시간을 철저하게 지키고 탄수화물 섭취량을 몇 그램까지 염두에 둘 수도 있다. 운동을 할 때는 식전이 좋은가, 식후가 좋은가도 철저하게 따진다. 그런데 문제는 여기에서 하나만 어그러지면 그날은 마음껏 먹는 치팅 데이가 되어 버리고 만다. '에이, 오늘은 망했어'라며 포기하게 되는 것이다.

사실 다이어트의 첫 출발은 가볍게 시작해도 된다. 그냥 '밤 9시에 먹지 않기' 하나만 실천해도 한 달에 3~4킬로그램은 빠지고, '밥 반 공기 먹기' 하나만 지켜도 결과는 나온다. 절차와 과정에 너무 신경을 쓰다 보면 본질적인 목표에 다가서지 못한다. 다시 말하지만 학원 마케팅도 이와 같은 이치다. 너무 많은 계획과 철저한 준비보다는 한두 가지의 원칙을 지키고 방향이 옳다면 열심히 실행한다. 그러면 결과적으로 훨씬 극적인 변화가 찾아온다.

마케팅의 핵심, 차별화 되는 글을 제대로 올리는 것

노출에 대한 걱정, 로직에 대해 걱정하시는 분들에게는 언제나 '로직은 최소한으로 하면 된다'는 말씀을 드린다. 여기에서의 로직이란 검색엔진이 콘텐츠를 평가하고 순위를 매기는 알고리즘을 말한다. 그냥 글 제목에 언더바(_)를 쓰고 'OO동 수학학원'만 넣는 것만으로도 충분하다. 알고리즘을 파악하는 네이버 봇은 워낙 스마트해서 스스로 알아서 노출해준다. 그러니 해시태그 역시 한정 없이 달며 시간을 낭비할 필요도 없다. 게다가 정말로 상위에 노출되는 방법을 아는 사람은 네이버 직원밖에 없고, 사실 네이버 직원이라도 이를 다 모른다. 중요한 것은 '얼마나 차별화된 글을 제대로 올리느냐'는 점이지, 아무리 로직에 대해 나름의 노하우가 있다고 하더라도 마음을 훔치는 글이 없으면 그 효과는 매우 미미하다.

블로그가 별로 소용이 없다는 의구심과 노출 빈도가 낮을 것이라는 우려는 기우에 불과하다. 공부방이든 학원이든 블로그 마케팅은 필수이고, 가장 강력한 매체라는 사실을 알아야만 한다. 그러니 지금 당장 블로그부터 시작하는 것이 학원 마케팅의 진정한 출발점이라고 할 수 있을 것이다.

> **!**
> **노빠꾸 실행력 파워 업**
>
> "스토리는 사람의 마음을 끌어당기는 강력한 힘을 가지고 있다.
> 학원이야말로 학생들의 성공과 발전, 성장이라는
> 매우 효과적인 플롯을 가지고 있다.
> 블로그 마케팅은 이것을 적어 세상에 알리고,
> 학부모와 감정적 결합을 만들어내는 일이다."

'지금 시대에 웬 전단'이 아니라 '학원이라서 전단'이 답이다

!

"사람들이 어떤 기업과 가치를 공유한다고 믿으면,
그 브랜드에 충성하게 된다."

- 하워드 슐츠(스타벅스 전 CEO) -

예전에는 전단이 꽤 중요한 홍보지의 역할을 했다. 새로운 업소가 생기면 전단 제작이 필수로 여겨졌었다. 그런데 인터넷이 발달하면서 이제 전단은 마치 구시대의 유물처럼 생각되기도 한다. 학원을 오픈하거나 홍보할 때 전단을 제작하라고 말씀드리면 '지금 시대에 웬 전단?'이라고 놀라시는 원장님들도 계신다. 굳이 돈까지 들여가면서 효과가 없는 전단을 왜 만들어야 하는지 의아해 하신다. 하지만 결코 그렇지 않다. 공부방과 교습소, 학원은 동네를 기반으로 하는 오프라인 사업이기 때문에 단기간에 많은 동네 사람의 이목을 끄는 매우 유력한 마케팅 방법이다. 무엇보다도 전단만큼 직접적으로 학부모에게 다가가는 방법은 없다고 확신한다. 다만 문제는 전단을 어떻게 만드느냐가 중요할 뿐이고, 그것으로 어떻게 블로그로 유입하게 하느냐다.

학원 소개 전단이 쓰레기로 전락하지 않는 법

전단의 제작 방법에 대해 논의하기 전에 전단에 대한 고정관념과 오해부터 풀어야 한다. 가장 대표적인 오해가 '요즘 전단은 받으면 다 쓰레기처럼 버리고 만다'라는 점이다. 물론 동의한다. 전단지를 꼼꼼하게 읽는 사람은 거의 없다. 아파트 우편함에 꽂혀 있거나 길을 가다 받으면 채 1초도 제대로 보지 않는다. 요즘 사람들이 봐야 할 것은 한두 가지가 아니다. 예전 같으면 거실에 옹기종기 모여 앉아 보던 TV조차도 이제는 다 인터넷으로 본다. 그런데 하물며 전단은 보겠는가? 그러니 일반적이고 평범한 전단은 그 자체로 쓰레기와 다름 없다. 쓰레기를 건네면서 쓰레기처럼 취급하지 말라고 하는 게 더 이상하다. 중요한 것은 전단에 얼마나 파격적인 내용을 담고 있느냐다. 단 1초도 되지 않는 시간에 눈을 확 끌 수 있는 카피로 호기심을 유발해야 한다. 예를 들어 다음과 같은 내용이 있다고 해 보자.

'컨트롤 수학학원 별로입니다. 절대 오지 마세요!'

만약 얼핏이라도 동네에 컨트롤 수학학원이 있다는 사실을 알거나, 혹은 자녀의 수학 학원을 알아보는 학부모가 있다면 이 전단은 보지 않을 도리가 없다. 혹시 누군가 컨트롤 수학학원에 악감정을 가지고 있는 사람이 만든 것은 아닌가라는 생각이 들면서 한 번 더 보게 된다. 게다가 이 문구는 내 아이를 위해서 꼭 필요한 것이다. 좋은 학원을 가는 것도 중요하지만, 별로인 학원을 피해야 하는 것도 학부모의 관심사이기 때문이다.

그런데 별다른 자세한 내용은 없고 블로그로 유입하는 QR 코드가 함께 찍혀 있다고 해 보자. 들고 있는 스마트폰으로 한 번 정도는 들어가 볼 만하다. 이것이 바로 전단을 미끼로 블로그로 유입하려는 전략이다. 그러므로 전단만으로는 셀링 포인트가 될 수 없다. 전단으로만으로 학원을 등록하는 학부모는 없다고 생각해야만 한다. 전단의 역할은 강력한 카피로 단 1초 정도의 관심을 끌고, 블로그로 들어오게 하는 것이다. 일단 블로그에만 들어오면 이제까지 앞서 이야기했던 체계적이고 매력적인 내용이 충분히 학부모들의 마음을 뒤흔들게 된다. 그러니 전단의 역할은 그것만으로 충분하고, 또 그것을 위해 제작되는 것이라고 할 수 있다.

호기심을 유발하는 키워드, 상식파괴

뿐만 아니라, 산술적으로 계산해도 전단을 뿌리는 일은 충분히 도움이 된다. 보통 전단을 받은 사람의 1퍼센트 정도가 관심을 가지고 블로그로 들어오게 되고, 다시 그중의 10퍼센트 정도가 실제 등록하게 된다. 만약 1만 장을 뿌린다고 하면 블로그에 들어오는 사람은 백 명, 그리고 블로그를 통해서 다시 등록하는 건수는 열 명이 된다. 열 명이면 절대 적지 않은 숫자다. 특히 이 열 명은 단순히 식당에서 밥 한 끼 사 먹는 사람이 아니다. 잘하면 1년 내내 수강할 수도 있고, 2년, 3년이 될 수도 있다. 따라서 '전단 ➡ 블로그'로 이어지는 이 환상의 콤비는 학원 마케팅의 정석이라고 해도 과언이 아니다.

물론 이 전단의 역할은 SNS도 해낼 수 있다. 카드 뉴스처럼 만들면 전단의 역할을 하게 되고, 게다가 '스토리'에 동영상 등을 올리면 스팟 광고처럼 활용할 수 있다. 또한 팔로우 기능이 있으며, 동네 학부모님을 찾아서 팔로우하고, 그 학부모님이 팔로우한 곳을 전부 찾아가 팔로우하게 되면, 순식간에 상당수의 동네 사람이 볼 수 있다.

다만 중요한 것은 전단이나 SNS의 문구를 만들어 내는 방법이다. 딱 하나로 요약하자면 바로 '상식 파괴 + 부정어' 전략이다. 앞에서 이야기했던 '컨트롤수학학원 별로입니다. 절대 오지 마세요!'가 그것이다. '컨트롤 학원, 아이들 정말 못 가르칩니다.'도 비슷한 맥락이다. 이런 상식 파괴적이고 부정적인 문구를 보면 사람들은 순간적으로 '이거 뭐지?'라며 관심을 쏟게 마련이다.

혹시 길거리에서 싸우는 커플들의 모습을 본 적이 있는가? 그 모습이 정말 호기심을 자극했다. 커플이 싸움에 정신이 팔린 순간을 틈타서 갔던 길을 되돌아와서 2~3번 정도 주변을 배회하면서 어떻게 싸우는지를 구경한다. 물론 싸우는 건 좋지 않은 일이지만, 행복하게 손을 잡고 길을 걸어야 할 커플이 길거리에서 싸우는 이 상식 파괴의 현장, 그리고 서로를 비난하는 부정적인 언어가 난무하는 상황에는 누구라도 관심을 가지게 된다. 전단도 마찬가지다. '그랜드 오픈 - 원아 모집'이거나 '우리 학원 잘 가르쳐요!'라는 것에 사람들이 무슨 관심이 있겠는가? 뭐, 그저 그런 홍보를 하는 것이라고 여기고 쳐다보지도 않게 된다.

스토리텔링 방식의 시리즈 전단의 위력

문구를 작성하는 또 하나의 전략은 스토리텔링을 넣어 주는 것이다. 전단은 일회성으로 배포하고 끝내는 것이 아니라, 내용적 연결성을 가지고 계속해서 새로운 메시지를 던져 주면 더 큰 효과를 낳는다. 지금 제시하는 전단 문구는 일정한 시간을 두면서 실제로 사용했던 것이며,

그 내용처럼 실제 교사를 그만두고 학원 사업을 시작한 원장님을 주인공으로 했다.

- 저는 올해 스스로 교사를 그만두었습니다. 개개인의 인성에 맞는 교육을 하기 위해 오픈했습니다.
- 오픈 후 1달 만에 코로나19가 터졌습니다. 그날 이후 매일 밤새우며 '안전한 수업'을 연구했고, 이제 자신 있게 학부모님께 소개하겠습니다.
- 작년에 스스로 교직을 그만두길 잘했습니다!
- 재작년, 고등 교사를 그만둔 후 학원 개원, 일차함수도 못 그리던 고3. 서울시립대 합격.
- 재작년, 고등 교사를 그만둔 후 학원 개원, 작년 구구단 3단도 못 외우던 초4. 지금 ○○중 기출 풀고 있습니다.
- 2019년, 고등 교사를 그만두고, 드디어… 22년 6월 확장 이전. 이제 우리의 교육을 제대로 시작하려고 합니다.

누가 보더라도 조금씩 발전해 나가는 학원의 모습이 선명하게 떠오르게 된다. 중간의 전단만 봐도 연결성에는 크게 문제가 없다. 전부 다 읽었으면 좋겠지만, 중간에 하나만 봐도 호기심이 급상승하고 관심이 가는 내용이다. 실제로도 이 전단 시리즈는 큰 화제가 됐고, 많은 학부모가 블로그로 유입되면서 호평을 얻었다.

여기에서 한 걸음 더 나아가 원장의 낭만과 열정이 가득한 전단을 만들 수도 있다. 아래는 내가 처음 학원을 오픈할 때 실제로 사용했던 문구였다.

- 꿈 가득했던 우리, 백팩 메고 과외다닌 지 9년 만에 학원을 오픈합니다.
- 이제는 개개인의 인성을 위한 수학교육에 확신이 생겼습니다.

학원 전단에 등장하는 용어로 원장의 꿈을 언급하거나 혹은 '백팩 메고 과외 다녔다'는 말은 한편으로는 상당히 낭만적이다. 그러나 뻔하디 뻔한 학원 오픈 광고보다는 훨씬 더 관심을 끌 수 있다. 이처럼 전단은 이제 한물간, 효과도 별로 없는 옛날의 광고 방식이 아니다. 오히려 인터넷과 SNS 게시물이 넘쳐나는 세상에서 아날로그 감성을 느끼게 할 수 있는 새로운 홍보 방법이 되어준다. 중요한 것은 어떤 내용을 어떻게 담을 것인지이지, 전단 그 자체가 효과가 있느냐 없느냐를 논할 필요는 없다.

노빠꾸 실행력 파워 업

"결코 전단을 무시해서는 안 된다.
학부모를 블로그로 모이게 하는 촉매제이며,
관심을 끌고 흥미를 끌어내는 상식 파괴의 스토리텔링이기도 하다.
호기심을 끌어낼 수 있는 문구를 작성할 수 있다면,
전단만큼 직접적인 홍보 매체도 그리 많지 않다."

학원 원장님은 그 자체로 브랜드가 되어야 한다

!

"마케팅의 예술은 브랜드를 구축하는 예술이다.
당신이 브랜드가 아니라면,
당신은 단순한 상품에 불과하다."

- 필립 코틀러(마케팅 전문가) -

블로그 마케팅이 꽤 성공적으로 이루어지면 발생하는 일이 바로 학원이 결국 브랜드화 된다는 점이다. 브랜드는 그냥 상징이나 로고가 있다고 해서 만들어지는 것이 아니다. 그 브랜드에 대한 신뢰, 존중, 선호가 있어야 진정한 브랜드로 완성된다. 따라서 학원에서의 블로그 마케팅은 최종적으로 학원이 하나의 브랜드로 성장하는 길을 열어 준다. 이 과정에서 가장 중요한 부분은 바로 '학원 원장님 자신이 브랜드가 되어야 한다'는 점이다. 다시 말해 곧 블로그 마케팅을 통해 원장님에 대한 신뢰, 존중, 선호가 만들어지고, 그 결과 학원이 브랜드가 된다는 뜻이다.

그런데 가끔은 자기 사진이나 사적인 이야기를 잘 드러내고 싶어 하지 않는 원장님들이 있다. 학원을 운영한다고 해서 굳이 자기 얼굴이나 개인적인 이야기까지 대놓고 드러낼 필요가 있겠느냐는 생각을 가진 분들이다. 물론 그러한 개인적인 취향은 충분히 존중할 수 있다. 하지만 문제는 그렇게 하면 마케팅력이 현저하게 떨어지고, 그 결과 학원 사업이 브랜드로 성장해서 성공할 가능성도 작아진다.

일개 학원에서 브랜드화 되는 비결

우리가 살아가는 '자본주의'는 결국 '브랜드주의'라고 해도 과언이 아니다. 시장에는 수많은 제품이 쏟아져 나오지만, 소비자는 그 제품을 일일이 조사한 후 나름의 확신을 가지고 구매하지는 않는다. 예를 들어 마트에 5~6종의 우유 제품이 있다고 해 보자. 일단 선택하기에 앞서 일일이 해당 회사에 대해 자세히 조사하고, 우유의 성분을 꼼꼼하게 확인한 다음에 구매하는 사람이 얼마나 있을까? 대부분의 고객은 자신의 머릿속에 딱 떠오르는 회사에 대한 이미지, 그리고 그 이미지로 형성된 브랜드를 선택할 뿐이다. 옷이나 신발을 살 때도 이런 원칙은 적용된다. 우리는 자신이 입는 옷과 신발이 어떻게 만들어지는지 일일이 확인하고 선택하는 일이 별로 없다. 보기에 멋있고, 또한 그 브랜드가 가지고 있는 느낌에 따라 선택하게 된다. 대부분의 경제활동이 브랜드와 그 브랜드가 만들어 내는 이미지에 의해 결정되므로 우리가 사는 자본주의를 '브랜드주의'라고 말해도 크게 무리는 없을 것이다.

학원의 선택도 크게 다르지 않다. 특정 학원의 이름을 떠올렸을 때 곧바로 드는 생각과 이미지가 곧 선택의 기준이 된다. 그런데 학원의 선택에서는 원장이 무척 중요한 역할을 한다. 대기업이라면 모르겠지만, 동네 학원은 대체로 원장에 의해 모든 것이 결정되고, 그 사람의 교육 철학과 신념이 그대로 반영될 것이라고 여기게 된다.

거기다가 우리는 사람을 참 중요하게 생각한다. 꽤 유명한 맛집에 갔을 때 우리는 밥만 먹고 나오지는 않는다. 가끔은 '이런 음식점을 운영하는 사람은 어떤 사람일까?'라는 궁금증을 가지기도 하고, 예술 작품을 보고서 그냥 '와, 그림이 예쁘네. 멋있네.'라고만 생각하지는 않는다. '도대체 이런 작품을 만든 작가는 어떤 사람일까?'라며 사람에 관해 궁금해 한다. 학원은 더욱 그렇다. 학원은 단순히 물건이나 서비스를 구매하는 곳이 아니다. 내 소중한 자녀를 맡기고, 그 원장과 함께 시간을 보내며 교육을 받게 하는 일이다. 따라서 어떤 학부모든 '이 학원 원장은 어떤 사람일까?'라는 생각을 자연스럽게 하게 된다. 상황이 이러한데, 원장님의 얼굴도 모르고, 어떤 사람인지도 모른 채 학원을 보낸다는 것은 어불성설이다. 프랜차이즈 학원이라고 해도 마찬가지다. 학부모들에게 유명

한 프랜차이즈라고 하더라도 결국 각각의 학원을 이끌어 가는 실질적인 담당자는 개별 원장님들일 뿐이다. 그런 점에서 학원 원장이 자신의 얼굴을 드러내고, 개인적인 이야기를 하며 철학과 가치, 신념을 표현하는 것은 매우 중요한 일이다.

그 비싼 쇼룸에 왜 거미 조형물이 있을까?

젠틀 몬스터Gentlemonster는 아마도 우리나라에서 제일 유명한 안경 브랜드일 것이다. 국내에서는 물론이고 미국, 중국, 유럽에까지 진출했고, 수많은 연예인이 이용하는 셀럽들의 브랜드이다. 그런데 이 회사의 강남에 있는 쇼룸에 가면 상식을 벗어난 광경을 목격하게 된다. 1층에는 거대한 거미 조형물이 있고, 여러 영상이나 전시물이 있을 뿐이다. 안경 회사의 쇼룸 1층인데 안경을 찾아볼 수 없다는 것 자체가 비상식적이다. 게다가 이 거미 조형물을 만들고 관리하는 데 드는 비용만 수백억 원이라고 한다. 2층, 3층으로 올라가야 겨우 안경을 발견할 수 있다. 강남의 건물이라면 한 달 월세만 몇천만 원일 텐데, 도대체 어떤 생각으로 이렇게 하는 것일까? 일반인의 상식으로는 잘 이해되지 않지만, 마케터의 시선으로 보면 비로소 그 이유를 알 수 있다.

예를 들어, 어떤 마케터는 만약 자신이 강남 테헤란로에 있는 일정한 공간을 가진다면 그 공간 안에 있는 건물을 허물어 버리고 논을 만들겠다고 말한 적이 있다. 서울 최대의 거리 한복판에 시골에서 볼 수 있는 논이 만들어지고 초록빛 벼가 자라고 있다면? 이러한 생각 역시 쉽게 이해되지 않는다.

사실 마케터가 그렇게 하는 이유는 그리 복잡하지 않다. 자동차와 건물이 빼곡하게 들어선 그곳에 우리의 소중한 먹을거리를 자라게 한다는 것은 현대 도시인들에게 1차 산업이 가진 가치와 의미를 환기시키는 일이다. 이러한 철학은 곧 엄청난 홍보 효과로 이어지게 된다. 그곳을 구경하러 오는 이들, 그리고 그들이 내주는 입소문 등의 영향력은 아마도 건물 월세를 훌쩍 뛰어 넘는 가치를 가지게 될 것이다. 어쩌면 외국의 방송사들까지 찾아와 촬영할 것이며, 한국어 관광 가이드에는 필수 코스로 기재될 수도 있다.

거대한 쇼룸 1층에 있는 젠틀 몬스터의 거미도 비슷한 차원이다. 거미는 끊임없이 실을 뽑아 새로운 공간을 창조하는 존재이다. 무한한 상상력과 창의적인 세계관으로 운영되는 젠틀 몬스터라는 기업의 가치와 철학을 알리고, 이를 통해 홍보하는 방식이다.

원장이 블로그에 자신의 고민, 걱정, 성과, 아이들을 위한 열정을 보여주는 일은 자신의 철학과 가치를 알리고 그 자체를 브랜드화하는 일이다. 학부모들은 원장님의 사진과 이야기를 들으면서 이 학원이 어떤 가치와 철학을 가졌는지를 이해하게 되고, 더 나아가 그 브랜드의 강렬한 팬이 된다.

내가 컨설팅한 한 원장님은 학원 블로그에 자신의 자녀교육이나 일상 이야기를 쓰곤 하신다. 물론 이 내용이 주가 되지는 않지만, 그 원장의 브랜드를 이해하기에는 매우 좋은 포인트다. 여느 엄마들과 다르지 않게 힘든 육아를 하면서도 아이들을 교육하는 원장님이라면 충분히 신뢰할 수 있지 않겠는가?

결론적으로, SNS와 전단으로 시작되는 학원 마케팅의 출발은 블로그로 이어지게 되고, 학부모들은 그 블로그 속 이야기에서 감정적인 결합을 하며 마음의 동요가 생기기 시작한다. 더 나아가 원장님의 철학과 가치, 신념까지 알게 되면서 브랜드에 사로잡히게 된다. 이러한 결과는 학원의 성공이라는 부인할 수 없는 결실로 이어진다.

!
노빠꾸 실행력 파워 업

"브랜드의 세상에서 성공하기 위해서는
우리가 모두 각자의 브랜드가 되어야 한다.
이 단단한 차별화 포인트가 결국 소비자의 선택을 끌어내고,
그 결과 성공의 반열에 오를 수 있다.
브랜드는 성공으로 향하는 쾌속 열차라는 사실을 잊어서는 안 된다."

무리한 듯 싶었던 학원 확장, 블로그로 성공하다

!

"사람들은 제품이 아니라 해결책을 산다"
- 세스 고딘(마케팅 전문가)-

이제 학원 마케팅의 보다 구체적인 노하우에 대해서 체계적으로 정리해보겠다. 학원 마케팅의 본질이 무엇이며, 구체적으로 어떤 경로를 통해 이뤄지고, 그 최종적인 목적이 무엇인지를 알았을 것이다. 하지만 이러한 것들을 하나씩 이뤄 나가는 데에는 매우 중요한 노하우가 있다. 그것은 바로 블로그에 들어가는 글의 종류와 그것을 구체적으로 쓰는 법이다. 일부는 앞의 내용에 담겨 있지만, 최종적으로 다시 정리해 보면 보다 명확하게 머릿속에 각인될 수 있다. 이는 크게 세 가지로 구분된다. 바로 '원장님 본인에 대한 글, 성적 향상 글, 시스템 글'이다. 첫 번째인 원장님에 대한 글은 바로 앞부분에서 설명했다. 그다음으로는 성적 향상 글과 시스템 글을 어떻게 작성하느냐 하는 것에 관해 설명하겠다.

잡무를 대폭 줄여주는 시스템 글의 중요성

학부모들은 학원에 관심이 많고, 알고 싶은 것도 많다. 수업 시간은 어떻게 되는지, 교재는 무엇인지, 입학 테스트는 어떻게 하는지, 학생들은 몇 명인지 사소한 것까지 정말 관심이 많다. 그런데 거의 대부분의 학부모님이 궁금한 것이 비슷하기 때문에 여기에 전화로 일일이 대응하는 것은 굉장히 비효율적인 일이다. 학부모가 직접 학원에 와서 참관을 한두 번만 해봐도 다 알 수 있는 내용이지만, 그렇다고 학부모의 문의에 "직접 와서 보시면 궁금증이 다 해결되실 거예요"라고 말할 수도 없는 노릇이다.

여기에서 발생하는 것이 바로 정보의 비대칭성이다. 정보가 균등하게 배분되지 못하니 누군가는 너무 잘 알지만, 또 누군가는 너무 몰라서 올바른 선택을 할 수 없는 상태를 말한다. 이렇게 되면 내가 운영 중인 학원이 아무리 뛰어난 실력을 갖추고 있어도 학부모님에게 올바로 전달할 수가 없게 된다. 이러한 문제를 단번에 해결할 수 있는 것이 바로 학원의 시스템을 일괄적으로 알려주는 글이다. 하나만 제대로 블로그에 올려놓고 필요할 때마다 학부모님에게 링크를 건네주면 상담 시간이 확

줄어들 수 있다.

　게다가 이렇게 시스템 글을 활용하게 되면 마치 쇼핑하듯 전화를 걸어 상담하는 학부모님들과의 대화 시간도 줄일 수 있다. 많은 관심이 있어서 하는 전화라면 응대할 수도 있지만, 상당수는 그렇지 않은 경우가 많다. 이럴 때 궁금한 부분에 적절하게 답하면서 링크도 함께 보내주겠다고 하면 학부모님들도 충분히 수긍한다. 더불어 블로그에 올려진 이 시스템 글은 계속 업그레이드할 수 있다는 장점이 있다. 시간이 지날수록 학부모님이 궁금한 모든 것을 다루면 된다. 여기에 실제 수업 사진, 동영상을 함께 올려놓으면 학부모님들은 생생하게 학원의 모든 것을 알 수 있으니 말이다.

　아이들의 성적 향상 글은 원장님 본인에 대한 글만큼이나 중요하다. 결국 모든 학부모님의 최종적인 바람은 성적 향상에 초점이 맞춰져 있지 않은가. 그런데 이러한 글을 적을 때에도 나름의 전략이 필요하다. 나의 학원 운영 경험과 리브랜딩 컨설팅에서 실제 테스트해 본 결과, 가장 검증된 방법은 '비포&애프터 Before & After'를 확실하게 보여주는 것과 이와 동시에 '구체성'이 드러나야 한다는 점이다. 예를 들면 다음과 같은 제목이다.

- '교과서도 못 풀던 아이 ➡ 센B 술술 풀어버리는 아이가 된 ○○중 2'

- '매일 롤 하루 7시간 하던 아이, ○○중에서 이번 중간 시험 91점 받은 이야기'
- '5분마다 화장실 왔다 갔다 하던 ○○중 3 아이, 이번 기말 95점 받았습니다.'

이러한 카피는 과거 학생의 처참했던 상황이 먼저 비포Before로 나오고, 학원에 다닌 후 어떻게 변했는지를 애프터After로 제시하고 있다.

마음을 흔드는 비포&애프터 전략

뿐만 아니라 더 중요한 점은 매우 구체성을 띠고 있다는 점이다. '○○중 2', 혹은 '이번 기말', '롤 7시간' 등의 표현을 통해서 생생한 현실로 비춰지게 되고 관심을 끌게 된다. 학부모는 '어, 우리 아이랑 비슷하네?'라고 생각하게 되고, 좀 더 학원에 관심을 가지게 되는 것이다. 특히 위의 카피들은 모두 공통된 하나의 구조를 가지고 있다.

'A(공통적인 문제)였던 아이, B(해결)했습니다.'

즉, 문제를 제시하고, 그것이 해결된 극적인 결과를 제시함으로써 학부모들이 원하는 것을 가장 직접적이고 선명하게 제시한다. 사실 이 비포&애프터 전략은 마케팅적으로도 매우 큰 장점을 가지고 있다. 결과를 즉각적으로 보여주면서 학부모의 감정적인 반응을 유도하게 된다.

'내 아이도 이렇게 될 수 있겠구나!'라는 희망을 심어준다는 이야기다.

이러한 성적 향상 글의 효과는 매우 확실했다. 실제로 육십 명 초반의 학생들이 있었던 한 원장님은 무리하게 2관을 개관하면서 힘에 부쳤는지 나에게 상담을 의뢰했다. 비포&애프터 방식의 글을 꾸준하게 올리면서 채 6개월도 되지 않아 2관을 모두 꽉 채우고, 3관까지 개설하면서 백오십 명의 학생이 넘어섰고, 또 얼마 가지 않아 이백 명을 넘어섰다. 원장님에 의하면 거의 매일 블로그를 보고 학부모 문의가 들어왔고, 하루에 세 명, 다섯 명씩 등록하는 일도 많았다고 한다. 이 정도면 마케팅은 '과학'이라고 불러도 좋을 것이다.

다만, 이러한 성과를 만들어내기까지의 과정이 중요하다. 이렇게 블로그 글의 중요성을 강조하면 노트북부터 구입하시는 원장님들도 있다. 그런데 장비가 문제는 아니다. 누구나 가지고 있는 스마트폰으로도 얼마든지 글을 쓸 수 있다. 게다가 카피의 초안이라면 그냥 종이에 적어보면서 어떤 글을 쓸지 가늠해 보는 일부터 해보면 된다.

노빠꾸 실행력 파워 업

"블로그를 통한 학원의 성장은 수도 없이 검증되었고,
그 효과가 확실하다는 사실이 입증됐다.
적절한 전략이 가미된 마케팅이라면 이제 더 이상 미룰 이유는 없다.
처음에는 부족하고 어색하게 느껴져도
지금 당장 블로그 마케팅을 시작해야 한다."

리스펙을 받으며
고자세로 영업하는 법

!

"사람들은 제품을 사는 것이 아니라,
그 제품이 주는 가치를 산다."
- 시어도어 레빗(경제학자) -

판매자와 구매자와의 관계를 굳이 '갑과 을'이라는 권위적인 방식으로 설명할 필요는 없을 것이다. 하지만 분명 둘 사이에는 영업이라는 것이 존재하고, 따라서 누군가는 아쉬운 입장이고 또 누군가는 여유 있게 선택하게 된다. 그런 점에서 선택을 기다려야 하는 사람에게는 늘 한계가 있고, 심리적으로도 지치는 것이 사실이다. 물론 나 역시 처음 방문 과외와 공부방을 시작할 때는 이렇게 학부모에게 매달리고 아쉬워하는 일이 적지 않았다. 그러나 지금은 전혀 이런 태도를 취하지 않는다. 또한 내가 리브랜딩하는 학원 원장님들에게도 절대로 저자세를 취하지 말고 당당한 자세로 임하라고 말씀드린다. 자신이 실력있고 그것을 알릴 수 있는 충분한 블로그 마케팅이 있다면, 오히려 고자세를 취하는 것이 더 많은 학생을 유치할 수 있는 비결이기도 하다.

매달리는 영업의 결정적인 한계

처음 영업의 어려움을 알게 된 것은 공부방 전단을 붙일 때였다. 당시에는 지금처럼 SNS가 활발하지 않았던 시기였기 때문에 일일이 손으로 전단을 붙여야 했다. 상단에 간단한 내용을 적고, 아래쪽을 마치 오징어 다리처럼 잘라서 연락처를 써놓고, 그중에서 1~2개는 떼어내어 사람들이 관심을 가지고 있는 것처럼 보이게 하는 방법을 쓰던 시절이었다. 문제는 이런 전단을 어딘가에는 붙여야 하는 점이다. 동네 공부방을 운영했기 때문에 당연히 공부방 인근을 대상으로 해야 했고, 특히 가장 효과적인 곳은 바로 아파트 단지 내 게시판이었다.

이런 영업이 필요한 사람은 나만이 아닐 것이다. 여러 사람이 아파트 게시판에 전단을 붙이려 하니 지저분해지는 것이 당연하고, 주민들은 불평하며, 경비원 아저씨는 나 같은 사람을 금지하는 것은 어쩌면 당연한 일이었다. 하지만 무슨 수를 써서라도 단지 내 게시판에 전단을 붙여야 했기에 건강하신 아버지를 졸지에 편찮으시다고 하면서 사정한 적도 있었다.

"경비원 아저씨, 죄송하지만… 지금 저희 아버지가 병원에 입원해 계셔서 제가 돈을 벌어야 하니… 좀 봐주시면 안 될까요…."

눈물까지 글썽이지는 않았지만, 최대한 불쌍한 눈빛과 동정심을 불러일으키는 표정으로 부탁해야만 했다. 나중에는 내 사정을 안타깝게 여긴 경비원 아저씨가 함께 전단을 붙여주시는 경지에까지 이르렀지만, 어쨌든 당시 나의 영업은 을의 방식이었고, 고객을 한정 없이 기다려야 하는 입장이었다. 물론 영업이라는 것, 학생 모집이라는 것을 처음 해보는 시기였으니 그런 식으로 영업에 접근했던 것은 사실 너무도 당연한 일이었다.

또 한 번은 평범한 문구만으로는 학생들의 눈길을 끌 수가 없어서 보는 순간 "와!" 하는 감탄이 나오는 전단을 만들어 보기도 했다. 내 사진을 마블 영화의 〈어벤져스〉에 나오는 타노스처럼 우스꽝스럽게 만들어 전단에 넣어보기도 했다. 수학 선생이라는 사람이 이런 모습으로 등장해도 되냐는 말이 나올 법할 정도로 웃긴 사진이었다. 그런데 분명 어느 정도는 효과가 있었다. 수학 선생에 대한 고정관념이 살짝 허물어지면서 몇 명의 학생이 등록하는 결과로 이어졌다.

비록 타노스 사진 전단을 통해 관심과 흥미를 끌어 등록을 유도했지만, 이는 여전히 을의 영업법이다. 이렇게 학생들을 모집했을 때에는 하나의 큰 단점이 있다. 초기의 관심이 그다지 오래가지 못한다는 점이다. 그들은 언제든지 떠나갈 준비를 하고 있으며, 실제로 어느 순간 학생들은 썰물처럼 빠져나가고 말았다.

기본이 튼튼할 때 제대로 먹히는 고자세 영업법

이후 이러한 영업에 대한 단점을 극복하기 위해 여러 책을 읽고 공부하던 중, 매우 충격적인 영업 방식에 대한 이야기를 알게 됐다. 이른바 '고자세 영업법'에 관한 것이다. 사실, 말부터가 매우 놀랍지 않은가? 저자세로 한껏 수그리고 영업해도 모자랄 판에, 고개를 빳빳하게 드는 고자세 영업이라니 말이다.

이는 일본의 한 유명 마케터가 만들어낸 영업법이다. 만약 영업자가 고자세를 가지게 되면 고객은 '저 사람은 뭐야?'라며 무시할 것 같지만, 오히려 정반대의 효과가 생긴다고 말한다. 고객은 자신이 마치 거절당하는 느낌, 혹은 자신이 을이 된 것 같은 느낌이 드는 순간 마음의 동요가 일어나고, 영업자가 가진 어떤 상품이나 서비스가 마치 대단한 것처럼 여겨진다.

'어, 뭐지? 왜 돈을 내겠다는 나를 이렇게 대하는 거지? 나 정도는 살 수 없는 물건이라는 건가?'

결국, 이 고자세 영업법은 영업자가 가진 상품이나 서비스의 가치를 높이고, 고객에게 마음의 동요를 일으켜 고객이 스스로 영업자에게 매달리게 만드는 방법이라는 이야기다.

나 역시 이런 고자세 영업법을 실제로 사용해 보기도 했다. 공부방 초창기에 어느 정도 성공적인 결과를 만들면서, 학부모님에게 연락이 오면 일단 이런 말부터 했다.

"하, 어머니, 지금 자리가 거의 없는데요…."

물론 학생 수는 얼마든지 더 받을 수 있음에도 불구하고, 오히려 고자세를 취해 버린 것이다. 더 나아가 천연덕스럽게 이런 말을 하기도 했다.

"어머니, 저 지금 경산에 있지만, 서울에 가지 못해서 안 가는 게 아니에요. 너무 유명해지면 힘들어질까 봐, 그냥 귀찮아서 경산에 있는 겁니다…."

누군가는 너무 너스레를 떠는 것 아니냐고 할 수 있지만, 실력만큼은 충분히 자신이 있기 때문에 할 수 있었던 말이었다.

시간과 노력은 적게 들이면서도 성과는 높아지는 놀라운 비결

물론, 나의 이런 방법은 '허풍을 떨어서 학생들을 모집하고 학부모를 모집하는 거 아니냐'고 오해할 수도 있을 것이다. 그런데 그건 세상의 영업과 마케팅의 원리를 몰라서 하는 말이다.

TV를 보면 세상에서 제일 예쁘고 잘생긴 연예인들이 의류 CF를 찍는다. 그렇다고 해서 그 옷을 입으면 나도 연예인 같은 모습이 될까? 절대 그럴 리가 없음에도 불구하고, 우리는 그 모습에 반해서 그 옷을 산다. 세계적으로 유명한 축구 선수가 라면 광고를 하고, 그 축구 선수를 좋아하는 사람은 그 라면을 선택한다. 하지만 정말로 그 축구 선수가 평소에 해당 브랜드의 라면을 좋아하고 많이 먹을까? 아마도 그렇게 생각하는 사람은 별로 없을 것이다. 세상의 모든 영업은 고객을 유혹하는 것이고, 그것이 불법에 해당하거나 실질적인 피해를 주지 않는다면, 그것은 영업의 기술이자 마케팅으로 분류될 수 있다.

저자세는 본인의 심리도 위축시키지만, 소비자로부터도 그다지 높게 평가받지 못한다. 자신감이 부족해 보이기도 하고, 전문성이 없어 보이기도 한다. 따라서 그보다는 확실히 고자세를 유지하는 것이 좋다.

무엇보다 실력을 갖추고, 이제까지 배운 블로그 마케팅을 통해 충분히 자신을 알리고 있는 상태라면 이렇듯 고자세를 취하는 것도 괜찮은 전략이다. 여기에 더해서 학원의 명성과 원장님에 대한 신뢰도는 더욱 높아질 수 있다. 그 결과, 시간과 노력은 적게 들이면서도 성과는 높아지는 놀라운 일이 벌어질 수 있을 것이다.

! 노빠꾸 실행력 파워 업

"영업을 힘들어하는 사람은 영업을
을이 되는 일이라고 생각하기 때문이다.
따라서 자존심이 강한 사람은 영업을 잘하지 못하게 된다.
하지만 갑이 되는 영업을 하면 상황은 완전히 달라진다.
스스로 자존심을 지키면서도 높은 성과를 올릴 수 있기 때문이다.
영업에 대한 생각을 바꿔야만,
성과도 바뀌고 자신이 하는 일에 대한 행복감도 달라진다."

PART 4

규모가 큰 공부방이 아닌, 작아도 시스템을 갖춘 학원으로 성장하라

학군지에서도 승승장구하는 원장님이 되는 법

독일의 한 철학자는 '양질 전환의 법칙'이라는 것을 이야기했다. 일정한 양이 누적되면 어느 순간 질적인 비약이 이루어진다는 뜻이다. 물의 온도가 99도까지 올라도 아무런 변화가 없다가 100도에 이르는 순간 팔팔 끓는 것처럼 말이다. 물리적인 세계에서는 이 양과 질의 전환이 자연스럽게 이루어지지만, 인간 세상에서는 의도적이고 인위적인 비약의 계기를 스스로 만들어야만 한다.

공부방에서 학원으로의 전환도 동일한 원리가 적용된다. 원장님의 실력이 좋아 점점 많은 학생이 등록할 수는 있겠지만, 어느 순간 한계에 이른다. 1인이 가르칠 수 있는 학생의 숫자는 한정적이기 때문이다. 이럴 때는 질적인 전환을 이뤄내야 본격적인 학원으로 발전할 수 있다. 하지만 바로 이 지점에서 주춤거리는 원장님들이 계신다. 본인의 고정관념이 이러한 발전을 가로막거나 방법을 몰라서 못 할 때도 있다. 그런데 작은 공부방에서 시작해 5개 학원을 운영해 본 경험이 있는 나로서는 누구보다 이러한 질적인 변화에 대해 많은 경험을 했다.

장기적인 생존의 비법, 티칭능력에서 경영능력으로의 전환

!

"사람들은 생존을 위해 아이디어와 정체성을 만들어내고,
그렇게 함으로써 그들은 자신들의 존재를 의미 있게 만든다"

- 버지니아 울프(작가) -

누구나 처음에는 초라하게 시작한다. 지금은 대기업이 된 곳도 조그만 상점에서 시작한 경우가 대부분이다. 문제는 매 순간 외형을 키워 나가면서 동시에 질적으로 어떤 변화를 하느냐의 문제이다. 조그만 상점을 운영할 때는 상점의 마인드로 충분하지만, 대형 마트를 운영하면서도 상점의 마인드라면 대형 마트까지 발전하지도 못할뿐더러, 만약 운영하더라도 결국 망할 수밖에 없다. 체계와 시스템, 관리의 방법이 판이하게 다르기 때문이다.

공부방이나 학원 사업도 마찬가지다. 나 역시 처음에는 공부방 마인

드로 충분했지만, 어느 순간 공부방 마인드를 버리지 않으면 더 이상의 성장은 불가능하다고 생각했다. 그때부터는 과감하게 공부방 마인드를 접고 학원 마인드로 바꾸었다. 지금도 많은 원장님이 열심히 학원을 운영하지만, 여전히 공부방 마인드를 가지고 계신 분들도 있다. 만약 이 상태로 계속된다면, 그 원장님은 '학원'을 하는 것이 아니라 '규모가 큰 공부방'을 운영하는 것에 불과하다.

생존의 발판을 든든하게 하기 위한 비결

이러한 마인드 전환에서 첫 번째로 중요한 것은 원장님이 장착해야 할 능력의 종류가 달라져야 한다는 점이다. 물론 학원에서 가장 중요한 것은 단연 가르치는 능력이다. 이는 기본 중의 기본이라 두말할 필요가 없을 정도다. 그런데 본격적인 학원을 경영하려고 한다면, 이제 원장이 키워야 할 능력은 '수업 능력이 아니라 경영 능력'이다. 하지만 이럴 때 꼭 이렇게 물어보는 원장님들이 계신다.

"저는 수업이 좋은데, 왜 계속 가르치지 말고 경영을 하라고 하시는 거예요?"

이런 분들은 대체로 아이들을 너무 좋아하고, 수업하는 것을 무척 즐

기신다. 물론 그 마음은 충분히 이해할 수 있지만 공부방이나 교습소를 하지 않고 학원을 하는 본질적인 이유를 살펴본다면 변화의 모멘텀을 가져야만 한다. 아파서 좀 쉬어야 할 일이 생기거나, 1~2주 정도 국외여행을 가고 싶지만 수업 걱정 때문에 이마저도 못 한다면, 이 역시 인생의 큰 즐거움을 잃어버리는 것이지 않은가. 이처럼 가르치는 일이라는 큰 틀은 같더라도 이를 시스템화 한다면, 자신의 자유시간을 어느 정도 확보할 수 있게 된다.

수업 능력보다는 경영 관리 능력을 키우라는 말은 원장님이 좋아하는 수업을 빼앗으려는 것도, 아이들을 사랑하지 말라는 말도 아니다. 더 규모를 키워서 더 많은 아이에게 좋은 기회를 주고, 자신의 경제적인 성장도 도모하자는 의미이다. 따라서 학원을 하시는 분들이 정 수업을 포기하지 못하겠다면, 처음에는 직강을 하는 데 100퍼센트의 에너지를 쓴다면 처음에는 10퍼센트라도 에너지를 남겨서 관리에 힘써야 한다. 점차 이 비율을 70:30, 50:50으로 만들고, 최종적으로 90:10으로 관리와 강의의 비중을 만드는 것이 포인트이다.

그런데 이는 단지 규모를 크게 만들어 더 많은 돈을 벌자는 의미에 머무는 것이 아니다. 어차피 앞으로 완전히 다른 업종으로 전환하지 않는 한, 규모를 키우는 것이 오히려 생존에 더 유리하게 작용하기 때문이다.

시스템화를 지향해야 하는 여러 가지 이유

일단 '규모가 큰 공부방'에 머물게 되면 좋은 강사를 구할 수가 없다. 실력이 뛰어난 강사는 무질서하고 비체계적으로 운영되는 학원에 오래 정착하지 않는다. 그들 역시 더 나은 성장을 원하고, 미래의 비전을 보고 일을 하기 때문에 더 체계화되고 더 많은 돈을 벌 수 있는 곳으로 옮기게 된다. 유능한 강사들은 자신의 커리어 개발과 전문성 향상을 중요시하며, 그런 기회가 제한된 환경에서는 만족감을 느끼기 어렵다. 결국 좋은 강사진의 이탈은 교육의 질 저하로 이어지고, 이는 곧 학생들의 성적과 만족도 하락으로 연결된다. 이런 좋은 강사를 구하지 못하면 기껏 키워 놓았던 규모마저 점점 쪼그라들 뿐이다. 거기다가 원장님 자체도 점점 나이가 들어가면서 체력이 줄어들고 스트레스를 많이 받게 된다. 장시간 수업과 행정 업무, 학부모 상담 등 여러 역할을 동시에 수행해야 하는 부담은 시간이 갈수록 가중된다. 이는 학원의 생존에 직접적인 영향을 주게 된다는 의미이기도 하다.

또 하나 중요한 점은 결국 학생이나 교육의 트렌드도 꾸준하게 바뀌게 되고, 브랜드화가 가속화된다는 것이다. 디지털 네이티브 세대인 요즘의 학생들은 과거와는 완전히 다른 학습 스타일과 기대치를 가지고 있다. 공교육 선생님과 하던 것을 넘어서는 상호작용과 맞춤형 학습 경험을 중시한다. 원장 본인을 중심으로 모든게 운영되는 학원이라면 이러한 변화를 따라가기가 무척 힘들다. 수업을 하기에도 바쁜 마당에 어떻게 트렌드의 변화를 따라갈 것인가? 새로운 교육 방법론을 연구하고, 학습 자료를 업데이트하며, 최신 교육 기술을 도입하는 일은 결코 간단한 작업이 아니다. 그런 것을 생각할 여유조차 없는 상태에서는 역시 생존까지 위협받게 마련이다. 또한, 다른 학원들은 계속해서 브랜드를 더 세련되게 만들고, 차별화된 콘셉트로 앞서 나가는 상황이다. 이는 단순히 티칭을 잘하는 능력으로 극복하기는 불가능에 가깝다.

또 하나 중요한 점은 바로 기술의 발전이다. 이제 일부 학교에서는 '인공지능 교과서'를 도입하고 있는 상황이며, 앞으로는 인공지능과 같은 다양한 에듀테크 기술이 계속 발전 중이다. 여기에 익숙해진 학생들, 이런 변화를 직접 경험하는 학부모들은 학원에도 신선한 콘텐츠를 원하게 되고, 새로운 교수 방법을 요구하게 된다. 역시 혼자서 이끌어가는 학원은 이러한 교육 실수요자들의 요구를 따라가는 일도 버거울 따름이다.

'학원의 규모와 시스템을 체계적으로 만든다'는 것은 단순히 더 넓은 평수의 학원을 열고, 또 더 많은 강사를 고용한다는 것에 그치지 않는다. 많은 학생을 가르치면서 관찰한다는 것은 새로운 변화에 민감해지고 그 수요를 따라간다는 뜻이며, 많은 선생님을 고용할 수 있다면 그들과 머리를 맞대면서 신선하고 창의적인 아이디어로 소통할 수 있다는 말이다. 한마디로 든든한 우군을 주변에 많이 두면서 협업하며 동시에 더 많은 기회를 노리면서 생존의 발판을 든든하게 해준다.

특히 시스템을 잘 갖추는 것은 곧 매뉴얼화를 만들어내는 것이고, 이는 신속하고 빠른 대응을 통해서 문제를 더 잘 해결하는 결과로 이어진다. 수업에 문제가 생겼을 때, 혹은 학부모가 컴플레인을 할 때 등의 여러 데이터를 잘 쌓아서 구체적으로 어떻게 대응할지에 대한 매뉴얼을 짜게 되면 학원은 좀 더 활발하게 운영할 수 있게 된다. 원장 1인이 주도하는 학원은 이러한 시스템화, 매뉴얼화가 잘되지 않아서 다소 굼뜬 대응을 하게 되고, 그 사이에 학부모는 실망하며 학생은 언제든지 빠져나갈 수 있다.

학원으로의 성장은 되면 하고 안 되면 안 하는 문제가 아니다. 특히 요즘같이 사교육의 변화가 빠른 상황에서 정체는 곧 퇴보라고 할 수 있다. 물론 성장에 대한 압박감으로 스트레스를 지나치게 받아서도 안 되겠지만, 그렇다고 넋 놓고 있을 수 없는 것이 또한 공부방과 학원의 세계이기도 하다.

노빠꾸 실행력 파워 업

"티칭 능력을 넘어서 경영 능력을 키우라는 이야기는
본질적으로 효율성에 관한 말이기도 하다.
언제나 혼자의 몸으로 때우는 공부방으로만 유지할 수 없는 노릇이다.
인생의 더 큰 즐거움과 의미를 위해서라도
학원으로 진화해서 좀 더 높은 차원으로 올라서야만 한다."

누구를 뽑느냐가
원장의 경영 능력을 배가한다

!

"인재는 태어나는 것이 아니라 만들어지는 것이다."
- 피터 드러커(경영학자) -

 모든 경영의 문제는 결국 사람으로 요약될 수 있다. 물론 경영의 개념에는 사업 전략, 재무 관리, 운영 관리 등 여러 분야가 있겠지만, 일단 체계적인 학원으로 확장하는 초기 단계에서는 어떤 강사를 채용해야 하는지가 가장 중요한 과제이다. 이제까지 수도 없이 많은 강사를 채용하고, 또 어쩔 수 없이 헤어져야 했던 많은 경험으로 보자면 염두에 둘 몇 가지 것들이 있다. 무엇보다 '위임'이라는 것에 주목해야 한다. 자신이 해왔던 일들을 그들에게 넘겨주었을 때 문제없이 처리하기 위해서는 그 위임의 자격이 충분한지, 정말로 믿고 맡길 수 있는지가 제일 중요하다.

학원 성장의 원동력, 멀티 플레이어를 지향하는 선생님

　요즘은 분명 멀티 플레이어가 대세인 시대인 것만큼은 틀림없다. 축구를 볼 때도 우리가 열광하는 선수들은 모두 멀티 플레이어다. 최후방 수비수이지만, 때로는 최전방 공격수로 활약하며 혼신의 노력을 쏟아붓는 모습에서 감동하게 된다. 거기다가 패스도 잘하고 헤더도 잘하고 태클도 잘할 때 칭찬을 아끼지 않는다. 이런 사람들을 보면 '와, 정말 대단한 능력을 갖췄구나'라고 여기곤 한다. 하지만 그들이 정말로 대단한 능력을 갖췄다고 보기 이전에, 그렇게 여러 방면에서 온 힘을 다하려는 열정과 투지 자체가 중요하다. 그들이 애쓰는 모습에서 다른 선수들도 힘을 내고 팀에 조금이라도 보탬이 되어 준다.

　학원도 그러하다. 주어진 일들을 온 힘을 다해 처리하려는 멀티 플레이어가 있어야만 학원의 시스템이 본격화되고, 원장님은 자기 일을 위임할 수 있다. 그런데 요즘 강사 중에는 "전 멀티가 안 돼서요"라는 말을 하는 이들이 종종 있다. 여러 가지 일을 동시에 하는 능력이 안 된다는 이야기다. 엄밀하게 말하면, 그들은 멀티플레이어를 못하는 것이 아니라 하고 싶은 마음 자체가 없는 것이라고 본다. 우리가 멀티 플레이어에게 요구하는 것은 그 모든 것을 잘해내라는 기대에 앞서, 힘껏 노력하라는 의지이며, 자신의 한계를 짓지 않고 과감하게 행동하려는 태도이다.

물론 이렇게 말하면 이미 완성된 멀티 플레이어를 뽑으려는 마음이 들게 된다. 그런데 문제는 이미 어느 정도의 경지에 이른 멀티 플레이어를 뽑는 일이 쉽지 않다는 점이다. 그들 역시 자신의 능력을 잘 알기 때문에 섣불리 자리를 옮기지도 않을뿐더러, '작은 동네 학원'이라는 생각이 들면 딱히 일하려고도 하지 않는다. 가장 좋은 방법은 아직 그런 멀티 플레이어적 능력은 없지만, 그럴 의지를 가진 사람을 채용하는 것이다. '어떤 일이든 두려워하지 않고 하겠다'는 생각을 가진 사람을 뽑아서 멀티 플레이어적 능력을 심어주면 되기 때문이다. 그러므로 선생님을 채용할 때는 얼마나 뛰어난 능력을 가졌는지를 중요하게 여기기보다는 '얼마나 하겠다'는 의지를 가졌는지를 보는 것이 훨씬 더 지혜로운 일이라고 할 수 있다.

또 하나 중요한 것은, 속칭 '머리가 큰 사람'을 뽑는 일도 피해야만 한다. 이미 학원에 관한 한 자신이 많은 것을 알고 있다고 여기고, 자기만의 방법이 있는 사람은 그 생각과 방법을 고집할 가능성이 크다. 이렇게 되면 원장님의 스타일에 맞추지 않게 되고, 학원 운영은 일관성 없이 중구난방이 될 가능성이 매우 크다. 이렇게 되면 학부모는 헷갈리게 되고, 실망으로 이어진다. 나는 이러한 변수를 최소화하고자 자기 고집만 내세울 염려가 있는 사람은 거의 뽑지 않는 편이다. 그러다 보니 대부분의 원장님들이 자주 들여다보는 플랫폼인 〈훈장마을〉에서 사람을 뽑지 않고, 〈당근마켓〉을 자주 보는 편이다.

"학원 선생님을 뽑는데 웬 〈당근마켓〉?"이라는 말이 나올 법하지만, 이런 고정관념에서부터 벗어나야 한다. 어차피 나의 채용 방침은 '머리가 크고 능력이 뛰어난 멀티 플레이어'를 뽑는 것이 아니라, 아직은 좀 미숙하지만 멀티 플레이어가 될 수 있는 마음을 가진 사람'을 채용하는 것이다. 그러니 〈훈장마을〉보다는 오히려 〈당근마켓〉이 더 나을 수도 있다.

끊임없는 필터링으로 진짜 파트너를 찾는다

강사를 채용했다고 끝이 아니라, 사실 그때부터가 시작이다. 우선 함께 일하면서 장·단점이 보이게 되는데, 중요한 것은 장점이 아니라 단점이다. 사람의 안목은 비슷비슷해서 내가 누군가를 보면서 장점이라고 생각하는 부분은 남들이 봐도 장점인 경우가 흔하다. 그러니 상대의 장점은 나에게 분명히 도움이 된다. 그런데 문제는 단점이다. 사람이라서 단점이 없을 수는 없겠지만, 중요한 점은 내가 견딜 수 있는 단점인가, 도저히 그럴 수 없는 단점인가 하는 점이다. 어떤 단점은 나에게 그다지 문제가 되지 않을 수도 있다. 하지만 어떤 단점은 함께 일하기에 치명적일 수도 있다. 이러한 포인트는 사람마다 모두 다 다르기 때문에 '과연 내가 견딜 수 있는 단점인가'를 파악하는 일은 무척 중요하다. 결국 수용의 범위를 넘어서는 단점이라면, 어느 순간에는 결단의 시간이 필요하다.

더 중요한 점은 사람들은 서로서로 배우면서 닮아간다는 점이다. 자신이 학원 원장이고 강사를 채용한 것이지만, 어느 순간 점점 둘은 닮아가는 일이 생기게 된다. 원장이 아무리 확고한 방침을 가지고 있다고 하더라도, 매일 얼굴을 보며 일하는 사람이 계속해서 부정적인 이야기를 건넨다면 점점 원장 자신도 부정적으로 변하게 될 수 있다. '부정적인 사람과는 단 1초의 시간도 함께하는 것이 아깝다'라는 사실을 여러 번 경험했다. 그들의 부정적인 것들이 나에게 영향을 주고, 나 역시 그렇게 변해갈 수 있는 가능성이 있어서는 안 된다.

이렇게 진짜 함께할 사람을 찾기 위한 여러 번의 필터링을 거치면, 점점 더 마음이 통하는 진정한 관계가 이루어진다. 그때부터는 주인의식을 가지고 함께 학원을 성장하게 하고 운영해 나가는 찐 파트너가 된다.

한때 매우 뛰어난 글로벌 기업이었던 GE를 이끌었던 잭 웰치Jack Welch 회장은 이런 말을 남긴 적이 있다.

"뛰어난 인재는 회사를 키우고, 평범한 인재는 회사를 유지하며, 무능한 인재는 회사를 망친다."

결국 학원 사업의 발전은 누구를 뽑고, 어떻게 그를 성장하게 돕느냐에 달려 있다. 이제까지 공부방으로서, 혹은 1인 학원으로 잘 유지되고 발전해 왔다고하더라도, 이제부터 채용할 강사에 의해서 그 운명이 완전히 뒤바뀔 수 있다는 마인드로 채용에 임해야 한다.

❗ 노빠꾸 실행력 파워 업

"선생님을 채용하는 일을 단순히 인건비를 주고
내 일을 도와주는 사람을 뽑는 것이라고 여겨서는 안 된다.
단 한 명의 선생님에 의해 학원이 진정한 사업으로 발전할 수도 있고,
손해만 보면서 오히려 더 망가질 수도 있기 때문이다.
선생님을 채용하는 일은 학원 사업의 운명을
결정하는 일이라고 여겨야만 한다."

학원을 무조건 성공시키는 여섯 가지 인사이트

!

"나는 분위기가 조성되기를 기다리지 않는다.
그걸 기다리다가는 아무것도 이루지 못할 테니까.
지금이 시작할 때임을 마음이 알아야 한다."

- 펄 벅(소설가) -

학원업은 쉽게 시작할 수 있어도 성공시키기에는 절대 쉽지 않은 많은 장애물이 있다. 콘셉트에서 시작해 차별화 전략, 관리 방법과 마케팅, 인력 관리 등 무엇 하나 만만치 않은 일이다. 학생들이 등록만 하면 돈이 착착 계산되고 성공이 곧바로 눈앞에 보이는 듯하지만, 이게 말처럼 쉽지는 않다.

학원 컨설팅을 하면서 만난 원장님들만 이백여 분이 넘는다. 때로는 나의 경험이 떠올라 격하게 공감되는 문제도 있었고, 또 나 역시 예상치 못한 문제를 안고 있는 경우도 있었다. 이러한 과정을 거치면서 학원 성공에 관한 내 나름의 검증된 인사이트를 차곡차곡 쌓아 올릴 수 있게 되었다. 물론 이것이 진리이고 정답이라고만 볼 수는 없을 것이다. 하지만 동일한 업종에 종사하는 이백 명과 대화하고 컨설팅하며 고민 상담을 한 결과라고 한다면, 분명 적지 않은 도움이 될 수 있을 것이다.

인사이트 ① 절박한 마인드가 없으면 학원은 성공할 수 없다 = 학원 원장님은 크게 세 부류로 나눠볼 수 있다. 바로 현재의 상태에 만족해서 변화에 대한 갈망이 없는 원장님, 약간의 불만이 있어서 '좀 바꿔볼까?' 정도의 마인드인 원장님, 마지막으로 돈이 없어서 너무 절박한 원장님이다. 셋 중에서 가장 변화의 가능성이 그다지 크지 않은 원장님은 첫 번째다. 현재의 상태에 만족하는 사람은 변화하기가 매우 어렵기 때문이다.

변화는 기본적으로 불편함과 괴로움을 동반한다. 따라서 만약 현재 스스로가 만족하는 상태라고 여기면 불편함과 괴로움을 선뜻 떠안으려고 하지 않는다. 그러니 이런 사람들에게 변화란 '딴 세상 이야기'일 가능성이 무척 크다.

'좀 바꿔볼까?'라는 생각을 가진 두 번째 부류의 원장님도 변화하기는 쉽지 않다. 여전히 마음의 여유가 있는 상태이기 때문에 선뜻 실행력을 발휘하기 어렵다. 그래서인지 이런 원장님들은 대체로 행동보다는 말을 많이 하는 경향이 강하다. 무엇부터 시작하고, 어떻게 실행해야 하는지를 입으로는 줄줄 말하지만, 실제로 실행에 돌입하기는 쉽지 않은 상태이다.

강한 실행력을 갖출 수 있고, 더 큰 성공 가능성을 가진 부류는 마지막 세 번째인 돈이 없어서 너무 절박한 원장님이다. 이번 달의 월세가 걱정되고, 오늘 당장 학생들이 등록하지 않으면 몹시 곤란한 상황에 처한다면 당장이라도 실행에 나설 가능성이 매우 크다. 이런 분들이 한 번 결심하면 알아서 책을 읽고 멘토를 찾아 나서면서 스스로 변화해 간다.

그렇다면 첫 번째와 두 번째 부류의 원장님은 더 변화할 여지가 없는 걸까? 그렇지 않다. 꾸준히 관리하고 실행력을 발휘하게끔 조언해 주는 멘토가 있다면 이들 역시 충분히 실행력을 갖출 수 있다.

나는 학원 리브랜딩을 하면서 가끔 원장님들에게 쓴소리를 하는 편이다. 지난번 미팅 때 했던 실행과 관련된 약속을 지키지 않은 경우라면 대놓고 "실망스럽습니다, 원장님!"으로 시작해서 한 2시간 정도 일장 연설을 한다. 그러면 이때에는 원장님의 마음에도 간절함이 살아나 조금씩 실행하신다. 결국 스스로 자발적으로 하든, 아니면 멘토를 통해서 하든 '절박한 마인드와 거기에서 비롯되는 실행력'이 전제되지 않으면 학원 사업은 절대로 성공할 수 없다는 점을 염두에 두어야 한다.

인사이트 ② 학원에 관한 조언을 들을 때 실제로 해보지 않은 사람의 말을 믿지 마라 = 타인의 조언이 필요 없는 사람은 없다. 아무리 현재 자신의 일을 잘해 나가는 사람이라고 하더라도, 예상치 못한 문제는 수시로 생기고 그에 따라 누군가의 조언이 필요하다. 어느 정도 성공의 반열에 올랐다고 하는 원장님들도 마찬가지다. 그런데 누군가로부터 조언을 들을 때에는 신중하게 판단해야 할 부류가 있다. 바로 자신이 해보지도 않았으면서 머리로만 생각해서 하는 조언이나 충고다.

나 역시 예전에는 이런 사람들이 해주는 조언을 많이 받아들이곤 했는데, 지나고 보면 항상 성과가 없었고 패배감만 쌓여갔다. 문제는 그들의 말이 매우 그럴듯하다는 점이다. 그 길만 따라가면 문제를 금방 해결하고 꿈이 곧 이뤄질 것 같은 착각마저 들게 된다. 훗날 이런 사람들은 자신이 실제로 해보지 않았으니 말이 더욱 많아진다는 사실을 알게 됐다. 심리학에서는 실행력이 없는 사람일수록 걱정을 많이 하고 생각 중독으로 이어진다고 한다. 많은 생각을 하니까 말을 잘하는 것도 너무 당연한 것 아닌가?

지금은 누군가의 조언을 들을 때 상대방이 그것을 직접 경험하고, 어느 정도 성공시켜 본 사람인지를 반드시 살펴본다. 특히 무언가를 직접 실행해 본 사람이 해주는 조언의 특징은 정확하게 포인트를 짚어 준다는 점이다. 언제 자신이 성취감을 느꼈는지, 그리고 왜 이제까지 실패할 수밖에 없었는지를 구체적으로 말해 준다.

예를 들어 "그때 저는 정말로 성취감을 느꼈어요"라는 식으로 자신의 직접적인 경험을 말해 준다. 만약 이런 것이 없다면 그냥 말만 많은 사람이라고 보면 된다. 또한 그들은 실패의 포인트도 매우 잘 알고 있다. 실패한 자신의 사례를 말해 주고 상담하면 그들은 명확하게 "이것 때문에 안 된 거예요!"라고 짚어 준다. 그런 이야기를 듣다 보면 왜 내가 실패했는지 무릎을 치게 된다. 그들이 성취감의 포인트도, 실패의 포인트도 정확하게 알고 있는 것은 실행해 보면서 그들 자신이 직접 경험했기 때문이다. 조언을 들을 사람과 그렇지 않은 사람을 거르는 일은 정말 중요하다. 되지도 않을 일에 시간과 노력을 들이는 것이 얼마나 아까운가?

인사이트 ③ 다시는 하기 싫을 정도로 압도적인 노력을 쏟아부어라 = 실행력은 단계적으로 상승하는 회오리바람과 비슷하다. 최초의 실행이 일정한 성과를 거두게 되면 그때부터 실행력은 점점 가속화된다. 학생들이 늘어나면 늘어날수록 자신의 방법에 더 자신감을 가지고 신나게 노력을 쏟아붓게 된다. 그런데 문제는 실행을 했지만 성과가 없을 때이다. 이때는 누구라도 그렇듯 '해도 안 되잖아?'라며 더 이상 하고 싶은 마음이 사라질 수밖에 없다. 사람은 노력했는데 성과가 없는 이러한 상태를 거의 '형벌'로 인식하게 된다.

　과거 여러 나라의 교도소에서는 무척 가혹한 형벌을 주기 위해서 수감자들에게 아무런 성과도, 만족감도 얻을 수 없는 일을 시키곤 했다. 짐Gym에서 우리가 하는 러닝머신의 기원은 사실 교도소에서의 형벌이었다고 한다. 영국의 한 교도소에서는 큰 수레바퀴를 하루에 6시간씩 발로 밟아 돌리게 했다. 그들은 매우 좁고 칸막이가 쳐져 있는 공간에서 그러한 행위를 했으며, 뒤에서는 교도관들이 감시했다고 한다. 그런데 문제는 이렇게 오랜 시간 수레바퀴를 발로 밟아도 아무런 결과가 없다는 점이다. 예를 들어, 수감자들도 집을 짓거나 다리를 건설하면 그나마 결과가 있기 때문에 조그마한 보람이라도 얻게 된다. 비록 자신이 죄를 지었지만, 그래도 속죄하는 마음이 들고 사회에 건설적인 보탬을 했다는 느낌을 얻게 된다. 그런데 수레바퀴는 아무리 밟아서 돌려봐야 그냥 몸만 힘들고 눈에 보이는 결과가 생기지 않는다는 점이다. 이 형벌을 받으면서 수감자들의 정신은 피폐해져 갔고, 결국에는 이 형벌이 너무 가혹하다고 해서 금지되기까지 했다. 훗날에야 이런 육체적 행위가 유산소 운동이 된다고 밝혀져 오늘날에는 자발적으로 러닝머신을 뛰기도 하지만, 단지 정신적인 관점에서는 그저 형벌에 지나지 않는다.

실행력도 마찬가지다. 자신이 뭔가를 했는데 아무런 결과가 생기지 않는다면 그것을 형벌처럼 느낄 수밖에 없다. 그런데 바로 이 지점에서부터 '실행력의 패러독스'가 생기게 된다. 실행했지만 아무런 결과가 없는 이 상황을 돌파할 수 있는 유일한 방법은 바로 더 강한 실행력일 뿐이다. 이는 마치 '눈에는 눈, 이에는 이'와 같은 원리와 비슷하게 '실행력에는 실행력'이다. 실행했는데 결과가 없다면 더 강하게 실행해야 그 문제를 해결할 수 있다.

나의 경우, 열심히 했는데도 결과가 없어 온몸에 힘이 빠질 때는 일단 잠시 여유를 갖는다. 일에 관해서는 최대한 잊고 좋아하는 사람과 맛있는 음식을 먹거나, 아니면 한숨 푹 잔다. 이렇게 하면 과거의 실패에서 잠시나마 벗어나 숨을 고를 수 있다. 그리고 또다시 더 몰입도 있게 실행하면서 문제를 해결하기 위해 애쓴다. 문제 해결을 실행력으로 해결하는 이러한 시도의 맹점은 '사실 과거에는 그다지 몰입력 있게 일을 추진했던 것은 아니었기 때문'에 생길 수 있다. 비록 자신은 예전에 열심히 했다고 생각하겠지만, 정작 현실을 바꿀 수 있는 정도로 밀어붙이지 못했을 뿐이다. 그렇다면 이러한 소극적인 실행과 압도적인 실행을 판단할 수 있는 기준이라는 것이 있을까?

딱히 눈에 보이고 손에 잡히는 것이 아니라 길이를 잴 수도 없고, 무게를 잴 수도 없기 때문에 실행력의 강도에 대해서는 별로 기준이 없을 것처럼 보인다. 그러나 이를 판별할 수 있는 기준이 하나 있다. 그것은 바로 자신에게 "그걸 다시 하라고 하면 할래?"라고 질문해 보는 것이다. 여기에서 "응, 또 할 수 있을 것 같은데?"라는 대답이 나온다면 그냥 깔짝대는 정도였다고 판단하면 된다. 자신에게 쉬운 일이었기 때문에 언제든 다시 할 수 있다. 반대로 "아니, 그렇게까지 힘들게는 정말 다시 하고 싶지 않아"라고 대답한다면, 바로 이것이 압도적인 실행이다. 모든 사업은 탁월한 전략과 노하우를 통해서 성공한다고 볼 수 있지만, 진짜 실행이 없다면 그 모든 것은 다 무용지물일 뿐이다.

인사이트 ④ SNS에 징징대며 원장의 가치를 떨어뜨리지 마라 = 학원을 운영하면서 본인의 가치를 스스로 떨어뜨리는 원장님들이 있다. 학원을 운영하면서 생기는 힘든 일, 괴로운 일을 일일이 SNS에 올리는 경우다. 과연 학부모들이 이런 글을 보면서 신뢰하고 아이를 맡기려고 할까? 혹은 그런 글을 보는 강사들은 그 원장과 함께 계속 일을 하고 싶을까? 아마 절대로 그렇지 못할 것이다. 이런 부분을 지적할 수 있는 이유는, 사실 과거에는 나 또한 이렇게 자신의 가치를 스스로 떨어뜨리는 원장이었기 때문이다.

내가 페이스북을 시작한 때는 2012년부터였다. 그때부터 하루는 물론이고 나의 감정도 매우 솔직하게 드러내는 글들을 자주 썼었다. 지금 보면 흔히 '나댄다'라고 표현할 수 있는 것이지만, 그때는 감정을 솔직하게 드러내는 것을 당당하다고 여겼고, 힙하다고 생각했다. 그런데 경험도 많고 부자이기도 했던 한 지인 형이 "너무 마음속에 있는 말을 SNS에 전부 할 필요가 있을까?"라고 조언했다. 하지만 그때에는 '대체 왜 그러지? 그게 뭐가 잘못이라는 거야?'라고 생각하며 별로 귀담아듣지 않고 무시했다. 실제 SNS에 내 감정을 털어놓으면 정화되는 느낌도 있으니, 그만두어야 할 행동이라고 여기지 않았다.

10여 년이 지나서야 비로소 왜 그 형이 나에게 그런 말을 했는지 깨달을 수 있었다. 나의 행동은 당당하거나 힙한 게 아니라, 그냥 징징대는 거였다. 내 감정을 주체하지 못하고, 그냥 내뱉으면서 다른 이들에게도 피해를 주고 있었던 것이다.

예를 들어 '나는 초보들과 일하는 것 같아.'라는 글을 쓴 적이 있다. 물론 솔직한 심정이었지만, 만약 나와 일하는 사람들이 그걸 보면 어땠을까? '그럼 나보고 초보라고 하는 거네', '나를 그런 식으로 생각하면서 억지로 참고 일하고 있었구나'에 이어 좀 더 심하면 '저 사람은 나를 존중하지 않는구나'라는 마음이 든다.

SNS에 불평불만을 표현하면 그것을 보는 특정한 사람의 마음도 상하고, 더구나 나의 가치도 떨어지는 일이다. 사람의 감정은 누구나 소중한 것이지만, 그렇게 SNS에 써놓고 보면 소중한 것처럼 보이지도 않았다. 결국 이러한 사실을 깨닫고 나서부터는 SNS에 내 속마음을 토로하는 일을 그만두었다. 물론 의도적으로 하는 경우는 있어도, 인내하지 못해서 그냥 휘갈기는 일은 없어졌다.

만약 어떤 학원 원장님이 스트레스를 받는다고 그러한 사실을 있는 그대로 공개해 버리면 어떨까? 그 학원의 가치를 높게 보는 학부모들은 없을 것이다. 자신의 계정이니까 누구나 자신의 글을 마음대로 적을 권리는 있겠지만, 그것이 미칠 수 있는 파장도 고려해야 한다. 비록 개인 SNS라고 하더라도 원장님은 교육자로서의 가치를 지켜야만 한다.

인사이트 ⑤ 자신을 끌어내리려는 사람은 의외로 많다고 생각해야 한다 = 대야 속에 게 한 마리를 넣으면 어떻게든 기어 나오게 마련이다. 그런데

한 대야에 5~6마리의 게를 함께 집어넣으면 서로 허우적대다가 모두 빠져나오지 못하게 된다. 앞서는 게는 뒤에 있는 게의 다리에 끌려 내려오고, 그 자신도 옆에 있는 게에 의해 방해받기 때문이다. 이를 나타내는 말이 바로 크랩 멘탈리티Crab Mentality라는 것이다.

주변을 보면 남이 잘되는 꼴을 보지 못하는 사람이 있다. 무리 안에서 자신이 제일 잘나가야 한다는 쓸데없는 자존심만 가득 차서, 누군가 성장하고 발전하려고 하면 굳이 헐뜯고 깎아내린다. 특히 이런 사람들은 부정적인 마음으로 가득하다. 되는 것도 안 된다고 하고, 할 수 있는 것도 할 수 없다고 가스라이팅한다.

예를 들어 친구가 주말에 뭐 하냐고 물어봤을 때 책도 읽고 운동도 하겠다고 말하면 그들은 이렇게 말한다.

"야, 책은 무슨 책이야. 운동? 그 힘든 걸 왜 해? 그냥 술이나 먹자."

술을 마시자는 제안이 나쁜 것은 아니지만, 중요한 점은 나의 시간과 노력을 매우 하찮게 평가한다는 점이다. 성장하고 발전하는 노력을 끌어내리는 크랩 멘탈리티에 해당한다. 어른들의 관계에서도 마찬가지다. 누구의 사업이 조금 잘되려고 한다거나, 열심히 노력하는 모습을 보이려고 하면 굳이 평가절하한다.

세상에는 10개 중 8개가 부정적이고 2개가 긍정적일 때라도 그 가능성을 믿고 전진하려는 사람이 있는가 하면, 부정적인 8개만 보고 미리 안 된다고 단정하는 사람이 더 많다. 주변에 그런 이들이 있다면 크랩 멘탈리티를 가진 사람일 뿐이다.

인사이트 ⑥ 학원 마케팅+브랜딩은 학군지에서도 통한다는 믿음을 가져라 = 많은 원장님이 학군지에 대해서 약간의 부러움과 동시에 두려움을 가지고 있다. 특히 학군지에서 경쟁할 수 있는 용기가 부족한 분들은 더욱 그렇다. 하지만 나의 많은 경험에 따르면 학원 마케팅과 브랜딩은 분명히 학군지에서도 제대로 먹힌다.

실제로 현재 관리 중인 학원은 서울 대치동과 중계동, 경기도 분당과 대구 수성구, 부산 용호동에 위치해 있다. 모두 쟁쟁한 학원들이 있는 학군지다. 심지어 서울 강남의 한복판이라고 할 수 있는 은마아파트에 사는 학부모들도 문의해서 아이들을 보낼 정도이다. 이런 나의 조언이니 이미 여러 차례 검증된 '학원 마케팅+브랜딩'이라면 충분히 해낼 수 있다는 사실을 믿어보기 바란다.

'세상에 쉬운 일은 없다'라는 말은 누구나 인정할 것이다. 그런데 쉽지 않다는 것이 방법이 없다거나 비결이 없다는 의미는 아니다. 얼마나 몰입할 수 있는가, 얼마나 압도적일 수 있는가, 또 얼마나 주변의 좋은 사람들에게 긍정적인 영향을 받으며 결심을 실천에 옮기느냐가 중요할 뿐이다.

❗ 노빠꾸 실행력 파워 업

"바보들은 항상 결심만 한다는 말이 있다.
이 말은 그들이 실행하지 못한다는 의미이기도 하지만,
더 나아가 결심이라는 것이 얼마나 쉬운 것인지도 동시에 알려준다.
결심은 누구나 할 수 있다.
그러니 결심했다면 이제는 실행해야 할 단계이다."

시스템 원장,
더 큰 그림을 그리는 비결

!

"효율적인 시스템이 없으면 비즈니스는 주인의 시간과 에너지를
끊임없이 소모하는 함정이 된다."

- 제임스 클리어(저자·강연자) -

　'시스템'이라는 말은 첨단 현대 사회를 살아가는 우리에게 매우 익숙하다. 그리고 많은 부분에서 지향하는 것이 효율성을 높이고 더 큰 결과로 연결된다. 각각 잘 조직된 각 파트가 제 역할을 해내면서 서로 시너지 효과를 낸다면, 이보다 더 효율적인 것은 없을 것이다. 특히 이 시스템이라는 것은 '자동화'를 특징으로 하고 있으므로 보다 적은 노력으로도 많은 성과를 낼 수 있다. 그런데 또 어떤 분야에서 이 시스템은 다소 부정적인 느낌으로 다가오기도 한다. 예를 들어 장인 정신이 필요한 분야가 대표적이다. 100년이 된 노포가 시스템으로 운영된다고 해 보자. 뭔가 사람의 정성이 사라지고, 기계적으로 만들어지는 듯한 느낌이 들

면서 왠지 정성이 부족하다는 느낌이 든다.

학원은 시스템과 장인 정신의 딱 중간 정도에 위치해 있다. 전통적으로는 '교육자'라는 포지셔닝이 있기 때문에 아이들을 정성과 사랑으로 대해야 한다는 면이 분명히 있지만, 또 한편으로는 학원도 사업이기 때문에 시스템화가 되면 훨씬 이익이 많이 남게 된다. 물론 어느 것이 더 좋다거나, 혹은 맞다 틀리다의 문제는 아니다. 다만 경쟁이 치열하면 치열해질수록, 학원의 미래가 걱정되는 원장님일수록 이 시스템 원장에 대한 내용은 확실하게 이해하길 바란다.

좌절이 크면 변화도 크다

2021년까지만 해도 나는 혼자서 일하는 수학 공부방 원장이었다. 처음 시작했을 때의 온갖 우여곡절을 겨우 이겨 내면서 이제 공부방 원장으로서는 거의 탑 클래스에 올랐다고 자신했다. 쓰는 돈은 많더라도 또 그만큼 버니까 그럭저럭 견뎌 나갈 수 있는 수준이었다. 대학 중퇴, 좀 더 엄밀하게 보자면 고졸의 학력으로 그 정도의 공부방을 운영하는 것도 다행이라는 생각도 들었다. 그런데 그때 나를 뒤흔들어 놓았던 두 가지 사건이 있었다. 더불어 이 사건들을 계기로 '시스템 원장'이라는 것에 완전히 매료되고 말았다. 이제까지의 나 홀로 공부방에서 탈출할 수 있는 결정적 계기를 마련하게 된 것이다.

우선 시스템 원장이라는 말은 내가 만들어 낸 것은 아니다. 김요안 선생님이 쓰신 《어느 꼬리 칸 원장의 마지막 승부》에 등장하는 용어다. 이후에는 나도 시스템 원장이라는 말을 쓰면서 많은 컨설팅과 리브랜딩 원장님들에게도 전파하는 중이다.

우선 첫 번째 사건은 외할아버지의 장례식장에서 들었던 생각이었다. 수의사였던 할아버지를 무척이나 좋아했다. 어린 시절부터 외할아버지의 손에 의해 자라기도 했고, 성인이 되고 나서도 외할아버지에 대한 감정은 그대로였다. 그런데 세월이 흘러 돌아가시게 됐고, 그 소식은 나에게 너무도 충격적이었으며, 많이 울면서 장례식장을 지켰었다. 그런데 삼일장을 치르면서 걱정이 생겼다. 3일 동안이나 아이들을 가르치지 않으면 나에게 경제적으로 타격이 매우 크리라는 것이었다. 하지만 그런 생각을 하는 한편, 자괴감도 들었다.

'정말로 사랑했던 외할아버지가 돌아가신 이 장례식장에서 돈을 못 번다는 걱정이나 하다니. 이게 과연 옳은 생각일까….'

사랑했던 외할아버지의 장례식장에서도 경제적인 손실을 고민하다니 무척 슬펐다. 이런 식이라면 부모님의 장례식장에서도 돈 걱정을 하게 될까 봐 두려웠다.

더 큰 그림을 그리기 위한 방법

또 하나의 중요한 사건은 내가 서서히 명품 소비에 빠지고 있었다는 점이다. 물론 그 이전에도 백화점에 가는 것을 좋아하기는 했지만, 명품은 그냥 눈으로 보기만 할 정도에 불과했다. 그런데 어느 순간 주머니에 돈이 있으니 그때부터 보복 소비를 시작했다.

'나도 이만큼 고생하면서 여기까지 왔으니 뭐, 나를 위한 소비를 좀 하면 어때?'라는 생각이었다. 그런데 이는 정말로 아무런 의미가 없는 소비였다. 발뮤다 제품을 하나둘씩 사 모으기 시작했고, 다이슨 조명, 다이슨 청소기 등을 사 모았다. 필요해서가 아니었다. 그냥 돈을 쓰는 것 자체가 나에게 보상이었다.

심지어 다이슨 청소기는 무려 5개나 사서 집에 쌓아 두고 포장을 뜯지도 않다가 누군가에게 선물하기도 했다. 한마디로 돈을 쓰고, 나에게 보상했다는 행위에서 나오는 도파민 중독이었다. 한 달에 1,000만 원을 벌면 뭐 하겠는가? 쓰는 돈이 1,100만 원이면 매달 적자를 기록하는 인생일 뿐이다.

그때 '꼬리 칸 원장'에 대한 내용을 보았다. 사랑하는 이의 장례식장에서 돈 걱정을 하는 나, 아무런 의미도 없는 보복 소비를 하는 나를 벗어나기 위해서는 뭔가 새로운 시도가 필요했고, 그것에 대한 강렬한 해답을 준 것이 바로 시스템 원장이었다. 학원을 시스템처럼 만들어 놓아 내가 없어도 무리없이 운영될 수 있을 것이며, 또 너무 일에만 몰입해서 명품으로 보상해야 할 정도로 지친 상태가 되지 않아도 될 것 같았다. 그뿐만 아니라, 당시 멘토의 한마디가 나에게 큰 통찰력을 주었다.

어느 날 내가 정말 되고 싶어 하는 롤모델인 멘토와 술 한잔을 할 때였다. 이런저런 이야기를 나누던 중 그분이 나에게 이런 질문을 하셨다.
"동헌 선생님, 아직도 수업하세요?"

사실 따지고 보면 충격을 받을만한 질문은 아니었다. 하지만 그때까지만 해도 수업에만 목숨 걸고 돈에 초점을 맞춰 살아온 나에게 뒤통수를 망치로 때리는 듯한 파장을 남겼다. 멀리 보지 못하고 매일매일 죽을 것처럼 열심히만 살아왔던 내 모습에서 과거의 일들이 스쳐 지나갔다. 장례식장에서의 돈 걱정도, 쓸데없는 명품 소비도 멀리 보면서 제대로 학원의 시스템을 만들지 못한 나의 잘못이었다.

그때부터 이를 현실화하기 위해 다양한 방법을 구상하고 실천하면서 오늘날 거의 완전한 형태의 시스템을 만들어 냈다. 먼저 시스템 원장은 학원 내에서 자신만 편하게 지내기 위한 방안이 아니라는 것을 정확히 알아야 한다. 어떤 면에서는 자신을 과도하게 소비하지 않으면서도 장기적으로 계속해서 발전하기 위한 방법이다. 다른 말로 표현하면 '더 큰 그림을 그리기 위해서'라고 할 수 있다. 강사와 실장이 나 대신 일할 동안 버는 시간으로 더 나은 발전을 꾀하기 위한 자리를 의미한다.

학원을 확장하거나 교재를 자체 제작하거나, 혹은 다른 분야로 진출도 얼마든지 가능하다. 1~2년 하려고 학원 사업을 시작하는 사람은 거의 없다. 길게는 10년, 20년을 내다보면서 사업을 꾸려 가고, 그것으로 자기 삶도 풍요롭게 만들기 위해서이다. 그렇다면 결국 정답은 시스템 원장일 수밖에 없다.

물론 수업이 좋은 원장님이라면 수업에 집중하면 된다. 시스템 원장이라는 길을 반드시 가야 한다는 것은 아니다. 그렇지만 자신에게 사업가의 DNA가 있다는 생각이 들면, 그리고 매달 아등바등 살아가는 것이 아니라 조금이나마 여유를 가지고 더 성장한 학원의 미래를 꿈꾼다면, 시스템 원장은 권할 수밖에 없는 대안이다.

노빠꾸 실행력 파워 업

"한 개인의 능력에만 의존하는 사업은 결국 한계를 가질 수밖에 없다.
공부방은 아무리 잘 되어도 공부방일 뿐이다.
하지만 시스템을 만들어 가는 순간,
고민도 달라지고, 비전도 달라지고, 해야 할 일도 달라진다.
한마디로 자신이 살아가는 세계 자체가 바뀐다.
지금과는 다른 도약을 원한다면, 지금과는 다른 시스템을 가져야만 한다."

시스템 원장이
반드시 가져야 할 세 가지 능력

!

"작은 성공에 안주하지 말고,
불멸의 반열에 들겠다는 각오로 본질에 집중하라."
- 오길비(광고 전문가)-

'시스템 원장이 된다'는 것은 학원의 본질적인 운영 방식과 원장 자신의 삶이 달라진다는 것을 의미한다. 단순한 원 플러스 원(1+1)과 같은 양적인 변화가 아니라, 패러다임이 바뀌면서 질적인 변화가 초래된다. 다만 이러한 변화가 손쉽고 간단하게 이루어질 수는 없다. 필요한 능력이 전제되어야 하며, 이것이 강화할 때 시스템 원장은 더 빠르게 달성되고, 또 되돌릴 수 없는 정도로 확실한 변화를 만들어 낸다.

나의 경험에서 추출한 세 가지 능력은 바로 '본질에 대한 충실함, 마케팅 능력치, 리더십'이다. 이는 삼각형의 각 꼭짓점을 형성하면서 서로 순환하고 교류하면서 완전한 시스템 원장으로 가는 길을 제시한다. 어느 것 하나 놓칠 수 없는 문제이며, 또한 이러한 능력을 갖출 수 있다면 이후 다른 사업을 해 나가는 것에도 도움받을 수 있으리라 확신한다.

최소 한 과목에서의 스페셜 리스트

한때 다이슨 명품을 사서 모았던 것에는 나름의 이유가 있었다. 물론 나에 대한 보상이기도 했지만, 다른 브랜드가 아니고 유독 다이슨을 선택했던 것은 본질에 충실한 창업자의 정신에 매료되어서이다. 제임스 다이슨James Dyson이라는 창업자는 단순히 제품을 만들어 파는 사업가가 아니라, 기술이라는 본질에 충실한 진정한 사업가의 면모를 보여주었다. 그는 자신의 창고에서 창업해서 기술 개발에 몰두했고, 무려 5,120번이 넘는 실패를 통해서 완성된 기술을 만들었다. 이렇게 끊임없는 도전과 실패를 거듭하면서도 포기하지 않고 마침내 최고의 제품을 만들어냈다는 사실이 놀라웠다. 이러한 정신에 감탄했고, 그 노력의 산물을 내 손에 쥘 수 있어서 좋기도 했다. 다이슨 제품을 사용할 때마다 그 안에 담긴 엄청난 노력과 열정을 생각하면 더욱 특별하게 느껴졌다.

시스템 원장이 가져야 할 첫 번째 능력은 바로 원장님으로서의 본질에 충실한 것, 즉 자신의 과목에 대한 전문성이다. 최소한 한 과목에서는 원장님 스스로가 '스페셜리스트'라고 불릴 정도의 실력을 갖추고 있어야 한다는 말이다. 이는 단순히 해당 과목을 가르칠 수 있는 정도가 아니라, 좀 더 탁월하게 가르칠 수 있어야 한다는 뜻이다.

아이돌 가수가 아무리 춤을 잘 추고 예쁘고 잘 생겼다고 하더라도 "쟤는 노래를 못해"라는 한마디가 나오면 그 가치가 확 떨어질 수밖에 없다. 이러한 이야기는 가수 활동 내내 꼬리표처럼 붙어 다니면서 신경 쓰게 한다. 결국 가수로서의 본질인 '노래실력'이 부족하면 다른 어떤 요소도 그 빈자리를 완전히 채울 수 없다.

나 역시 노래 못하는 아이돌 가수와 같은 원장이 되고 싶지 않았다. 최상위권을 가르쳐 보고 싶다는 강한 열망에 매일 밤 11시까지 수업한 이후에 개인적으로도 수학 문제들을 풀고 오답 노트까지 정리했다. 심지어 주말에도 쉬지 않고 최신 문제 트렌드를 분석하고 학생들에게 더 효과적인 설명 방법을 연구했다. 특히 '블랙라벨'의 경우 21번부터 30번까지의 각 문제를 3초 만에 풀어보겠다는 높은 기준을 설정하고 정진했다. 이런 노력은 절대 쉽지 않았지만, 전문가로서 인정받기 위해서는 필수적인 과정이라고 믿었다.

물론 스페셜리스트의 기준이 딱히 정해진 것은 없다. 각자의 분야와 상황에 따라 그 기준은 다를 수 있지만 수학은 혼자서 한 달에 월 1,000만 원 정도를 벌 수 있다면 충분한 기준이 되지 않을까 싶다. 다만 액수만이 중요한 것은 아니다. 그만큼 학부모가 인정했다는 의미고, 학생의 성적이 올랐음을 반증해 주기 때문이다. 결국 원장님의 본질적인 실력을 갖추어야 하고, 여기에 대한 인정이 시스템 원장으로 가는 길의 물꼬를 틀 수 있게 해준다.

마케팅적 사고의 24시간 장착

한 과목에서 정점을 찍고 스페셜리스트가 되었다면 그다음으로 필요한 것은 바로 '마케팅적 사고의 24시간 장착'이다. 앞에서 마케팅하는 방법을 이야기했지만, 방법 이전에 중요한 것은 바로 원장님 스스로가 마케팅적 관점을 확실하게 가지고 있어야 한다는 점이다. 아무리 뛰어난 스킬을 가지고 있어도, 그 이전에 관점이 정립되어 있지 않다면 그 스킬도 그다지 소용이 없다. 예를 들어 한 학생이 수학 60점을 기록했다고 해 보자. 마케팅적 관점이 없는 원장님이라면 오로지 점수만 보고 "60점? 그게 뭐 대단해?"라고 말할 것이다. 그런데 마케팅의 관점에서 보자면 '60점이 어떻게 만들어졌을까?'를 되짚어보고, 그 안에서 일종의 가치를 볼 수 있어야 한다.

90점 받던 학생이 60점을 받으면 폭망이겠지만, 30점 받던 학생이 60점을 받으면 대박이다. 같은 60점이라도 각각의 가치는 모두 다르다. 하나는 자랑할 만하지만, 하나는 절대 자랑하기 힘든 점수이다. 이렇게 특정한 가치를 찾아내는 것 자체가 마케팅적 관점이다. 그 이후에는 블로그 등의 마케팅 채널을 통해서 알리면 된다. 학원 생활을 통한 아이들의 변화에서 얼마나 가치 있는 이야기를 찾아내고, 이를 콘텐츠로 만드느냐가 중요하다.

마케팅적 관점을 효과적으로 갖추기 위해서는 스스로를 '문제 해결사'로 자처하는 태도이다. 세상의 모든 소비자는 저마다의 문제점을 가지고 있고, 그것을 간절하게 해결하고 싶어 하며, 자신의 힘으로 해결되지 않으면 대신 해결해 줄 사람을 찾는다. 그런데 문제를 해결해 줄 사람이 나타난다면? 서슴없이 자신의 문제를 해결해 달라고 부탁할 수밖에 없다.

한 마디로 학원은 성적이라는 문제를 해결해 주는 곳이다. 학부모와 학생들이 성적에 있어서 어떤 고민을 가졌는지, 그리고 그 고민 해결을 방해하는 것이 무엇인지를 찾아내고 그것을 집요하게 파고드는 태도를 가져야 하는데, 바로 이것이 마케팅적 관점이기도 하다.
일반적인 비즈니스라고 한다면 이는 '고객의 입장에서 생각하는 습관들이기'라고 할 수 있다. 처음에는 반대의 입장에서 생각하기가 쉽지 않을 수 있다. 하지만 이 또한 훈련하다 보면 그리 어렵지 않게 문제를 해결하고 싶어 하는 고객의 간절한 마음을 쉽게 들여다볼 수 있고, 그것을 마케팅에 응용할 수 있게 된다.

마음을 움직이는 진짜 리더십이란?

마지막 세 번째는 흔히 '리더십'이라고 불리는 것이다. 사업은 결국 사람의 문제이고, 그 사람을 어떻게 다루느냐가 바로 리더십이다. 그러니 리더십을 발휘할 수 없는 원장님은 학원을 제대로 운영하기가 쉽지 않은 일이다. 다만 이렇게 이야기하면 너무 부담을 갖는 원장님들이 적지 않다. "저는 리더십 같은 건 없어요"라거나 "저는 누군가를 이끌거나 하는 이런 거 너무 못해요"라고 말씀하신다. 이렇게 리더십이 어려운 것이라는 생각은 하지 않았으면 한다.

리더십은 여러 가지 방식으로 정의할 수 있지만, 가장 간단하게 해 보자면 그냥 '사람을 담는 그릇'이다. 나라는 그릇이 작으면 한 사람도 담을 수 없지만, 그릇이 크다면 열 명, 백 명도 담을 수 있다. 상대방의 마음을 이해하고, 포용하며, 중재하고, 내 잘못이 있다면 흔쾌하게 사과하는 태도가 바로 리더십이자 사람을 담는 그릇이다.

학원을 운영하면서 강사끼리의 다툼과 신경전을 중재해야 할 때도 있었다. 사실 그럴 때마다 '다들 성인인데 내가 이런 것까지 해야 해?' 싶기도 하다. 마치 서로 투덕거리는 두 자녀를 두고 훈계하는 아빠가 된 것 같은 느낌이 들 때도 있다. 하지만 바로 이것이 나를 보다 큰 그릇으로 만들어 가는 과정이다. 둘 사이의 이야기를 듣고 나의 더 넓은 마음으로 품어 주면서 문제를 해결하는 방식을 제시하게 되면 오히려 나 자신이 훌쩍 성장한 느낌이 들곤 했다. 거기다가 둘 사이의 문제가 혹시 나의 잘못은 아니었는지를 되돌아보고 수정할 수 있는 기회도 된다.

한번은 컨설팅을 진행해 드리던 원장님으로부터 다소 놀라운 이야기를 들은 적이 있다. 그 원장님이 실수해서 다른 학원에 저작권이 있는 콘텐츠를 의도치 않게 자신의 홍보 채널에 올렸고 그 사실이 발각됐다고 한다. 이럴 때면 저작권을 도용당한 학원 원장님은 크게 화를 내고 손해 배상을 요구할 수도 있는 일이었지만, 그 원장님은 그렇게 하지 않았다고 한다. 오히려 저작권을 피해 갈 수 있는 법을 알려주고, 또 어떻게 하면 더 나은 콘텐츠를 만들 수 있는지에 대한 방법까지 차분하고 정중하게 알려주셨다는 것이다.

사실 이 이야기를 듣고 꽤 충격을 받았다. 과연 나라면 그렇게 할 수 있었을까? 내 콘텐츠를 도용한 누군가에게 "이렇게 하면 저작권을 피해

갈 수 있어요"라고 말할 수 있었을까? 그때 정말로 '사람의 그릇'이라는 것이 무엇인지를 깨달을 수 있었다. 그때까지만 해도 규모가 큰 학원의 원장님이라면 무조건 돈만 생각하고 상업적으로만 운영할 것이라고 생각했는데, 그런 나의 편견이 완전히 깨져 버리고 말았다. 큰 규모의 학원을 운영하는 원장님은 그만큼 사람의 그릇도 크다는 사실을 깨달았기 때문이다. 시스템 원장을 통해서 사업을 발전시키려는 원장님들도 바로 이러한 큰 그릇을 가져야만 한다. 그릇이 크면 사람들이 그 안에 머물고, 바로 그 사람들이 학원을 더욱 성장하게 해준다.

시스템 원장으로 가는 길은 어렵다고 생각될 수도 있지만, 그렇다고 학창 시절 대입을 준비할 정도의 노력은 아니다. 원장님들이라면 자기 과목에서 기본적인 실력을 갖추고 있으니 조금 더 프로페셔널하게 스스로 앞서나가면 될 일이고, 마케팅적 관점을 갖추는 일도 노력 여하에 따라서 얼마든지 가능하다. 또한 자신의 그릇을 더 넓혀 리더십을 갖추는 것도 충분히 훈련으로 익힐 수 있다. 이 세 가지만 갖출 수 있다면 학원은 알아서 잘 운영될 것이며, 어느 순간부터는 더 큰 비전으로 학원의 긍정적인 미래를 꿈꿀 수 있을 것이라 확신한다.

노빠꾸 실행력 파워 업

"시스템 원장이 된다는 것은 단순한 역할의 확장이 아니라,
사고방식과 삶의 패러다임 전체가 뒤바뀌는 일이다.
학원에 신경을 줄여서 알아서 잘 운영되고,

자신은 그 시간만큼 삶의 여유가 생기면서
더 발전할 수 있는 또 다른 기회를 찾아 나설 수 있다.
그것은 마치 좁은 강물에서 뛰놀다가 넓은 바다로 나아가는 일과 크게 다르지 않다."

수업을 놓는 괴로운 감정을 이겨나가는 법

!

"이별은 불가피한 것이지만, 그것을 긍정적으로 바라보면
우리는 새로운 것을 발견하고, 성장할 수 있다."

- 빅토르 위고(시인, 소설가) -

　시스템 원장으로 나아가는 길에는 한 가지 '감정적인 장애물'이 있다는 사실을 인정할 수밖에 없다. 바로 보다 큰 비전, 사업가적 관점으로 학원을 운영하려다 보면 이제까지 해왔던 수업을 놓아야 한다는 점이다. 일반인들이 보기에는 '학원을 사업으로 발전시키려면 당연한 거 아니야?'라고 생각할지 모르겠지만, 원장님들의 입장에서는 정말로 자식같이 가르쳐온 학생들과 영영 이별하는 듯한 느낌이 든다. 어렸을 때부터 매일 함께 농담하며, 야단치고, 때로는 칭찬해 주었던 그 아이들과 더 이상 그런 생활을 못 한다는 것은 정말이지 큰 상실감을 안겨다 준다. 그래서 이를 감정적으로 감당하지 못하는 분들도 계시고, 결국 그 때문

에 수업을 아예 놓지 못하는 분들도 있는 것이 사실이다.

사실 나 역시도 지금은 완전한 시스템 원장의 길을 거쳐서 학원 사업의 길에 들어섰지만, 여전히 마음 한켠에는 과거 수업을 완전히 놓았던 것에 대한 아쉬움이 컸다. 한동안은 약간의 우울증세까지 겪을 정도였다. 심지어 지금도 여전히 가슴 한편에 수업에 관한 미련이 남아 있다. 그만큼 아이들을 사랑하는 원장님들에게 이 시스템 원장으로의 전환에는 감정의 문제까지 결부되어 있다는 점이다.

성장과 도약에는 고통도 따른다

공부방을 완전히 학원으로 전환한 뒤, 과거에 공부방을 운영하던 동네에 우연히 갈 기회가 있었다. 그때 초등학교 5학년 때부터 고1까지 가르치면서 정말 정이 많이 들었던 아이의 모습을 우연히 지나가면서 보게 되었다. 내가 공부방을 할 때 성적도 정말 많이 올랐고 착실해졌던 친구라 더욱 애정이 많았다. 그런데 몇 개월 뒤에 다시 본 그 아이는 골목에서 불량배처럼 친구들과 어울려 담배를 피우고 있었다. 그 모습에 거의 쓰러질 듯한 충격을 받았다. 물론 그 아이가 담배를 피우는 것이 내 잘못도 아니고, 또 설령 담배를 피운다고 한들 인생이 망가졌다고 단정 지을 수는 없다. 하지만 그때의 감정은 마치 내가 그 아이의 인생을 망쳐 놓은 것 같았다. 만약 그 이후에도 공부방을 하면서 그 아이를 학업적으로나 심리적으로 잘 지도했다면 절대로 그런 일이 일어나지 않았을 것이라는 생각이 들었다. 자책과 후회가 밀려왔고 한동안 그 감정에서 빠져나오기가 쉽지 않았다.

학원 원장은 단순하게 제품을 판매하는 사장이나, 일회성 서비스를 제공하고 대가를 받는 일과는 차이가 있다. 이 세상에 태어난 소중한 생명과 교류하고 지도하며 그들이 훌륭하게 성장할 수 있도록 노력하는 이들이다. 개인적인 시간에도 아이들에 관해 생각하고 고민하는 이유도 바로 여기에 있다. 이처럼 원장님들은 아이들과 함께 기뻐하고 함께 슬퍼한다. 아마도 이런 마음이나 소망이 없는 사람이라면 학원 원장을 잘 해내지도 못할 것이다. 사실 바로 이런 부분들이 시스템 원장에 대한 감정적인 거부감을 키우는 요인이 된다.

사실 나 역시 공부방에서 학원으로 전환할 때 많은 심리적인 괴로움이 있었다. 정말 솔직하게 말하면, 당시의 나는 마치 연인과 이별하기 위해 일부러 나를 싫어할 행동을 하는 모습과 비슷했다. 내가 이별을 먼저 말할 수는 없으니, 억지로라도 이상하고 나쁜 짓을 해서 나를 싫어하도록 만들고, 상대가 먼저 나에게 이별을 선언하도록 하는 것 같은 그런 묘한 심리였다. 어떻게 보면 나쁜 짓을 일부러 남에게 미루는 너무도 이기적인 마음이기도 하다.

결심했다면 과감하고 철저하게!

내심 학원으로서의 전환을 결정해 놓고는 냉정하게 '저 이제 공부방 안 합니다!'라고 선언은 정말 하고 싶지 않았다. 이를 천천히 진행하기로 하면서 조금씩 뉘앙스를 전달하고자 했다. 학부모님들이 봤을 때 '어, 이건 뭐지?'하는 카톡 프로필을 올리는 것이 시작이었다. 예를 들어 나를 지칭할 때 '컨트롤 학원 대표이사 이동헌'이라고 적는 방식이다. 이제까지 공부방을 하던 사람이 갑자기 '학원'이니 '대표이사'니 하는 언급을 하면 학부모님들이 먼저 동요한다. 실제로 이러한 뉘앙스를 풍기면 거짓말처럼 학생들이 줄기 시작했다. 아이들이 안정적인 환경에서 공부하기를 원하는 부모의 마음에서는 너무 당연한 일이다. 결국 육십 명이었던 학생들은 단 한 명까지 줄었다.

마지막까지 한 명의 학생을 놓게 된 그날은 지금도 잊을 수가 없다. 그런데 더 놀라운 일은 그 학생이 이후 나의 결혼식에 찾아온 것이 아닌가. 정말로 울컥할 수밖에 없었다. 그때 정말 진심으로 "네가 원하면 일주일에 한 번씩 무료로 가르쳐 줄게"라는 말을 할 정도였다. 이처럼 '수업을 놓는다는 것'이 얼마나 괴로운지를 누구보다 잘 알고 있다. 하지만 그렇다고 해서 계속해서 공부방에만 머물 수는 없는 노릇이다. 그래서 지금도 원장님들에게 "시스템 원장을 안 하실 거면 아예 하시지 않아도 되지만, 일단 하겠다고 결심하셨으면 과감하게 해야 합니다"라고 말씀 드린다. 어떤 원장님들은 약간 애매하게 한 타임 정도는 남기면서 자신이 직접 아이들을 가르치고 나머지 부분을 시스템 원장으로 하려고 하는데, 사실 오히려 그것도 남기면 안 된다고 생각한다. 연인과 이별하면 이별인 것이지, 헤어지면서 "너무 아쉬우니까 우리 한 달에 한 번만 만날까?"라고 말할 수는 없지 않은가? 더군다나 시스템 원장으로 전환하기 시작하면 사업적으로 해결해야 할 문제가 많고 거기에도 시간을 써야 한다. 그러면 자연히 수업에 소홀해지는 상황이 생길 수밖에 없고, 그럴 바에야 아이들을 위해서라도 확실하게 정리하는 것이 가장 현명한 방법이다.

미련에 대한 대안은 얼마든지 있다

아이들에 대해 여전히 미련이 남을 것 같으면 오히려 시스템 원장으로 확실하게 성공한 뒤에 다시 아주 작은 소규모 공부방을 하는 일도 방법이라고 조언한다. 사실 나 역시 미래에 그런 계획을 세우고 있기도 하다.

한 외국 대형 호텔의 회장에 관한 이야기를 읽은 적이 있다. 그는 수백 명의 직원을 둔 호텔의 회장인데, 어느 날 근처에 아무런 간판도 없는 조그만 술집을 열었다. 그리고 일주일에 하루만 영업하면서 직원들을 불러 술과 요리를 대접한다고 한다. 상식적으로만 보면 대형 호텔 회장이 그런 일을 할 필요가 있을까? 정말로 술과 요리를 대접하고 싶다면 비싼 레스토랑을 예약하면 그만일 뿐이다. 아마도 그가 원했던 것은 사람들과의 소소하지만 정겨운 대화, 그런 인간적인 교류가 아니었을까? 직접 요리도 하고, 술도 나르면서 서로 교감하는 그런 분위기 자체를 그리워했다고 생각한다.

얼마 전에 아주 좋은 아파트로 이사를 했다. 외부에 나가지 않아도 될 정도로 완벽하게 시스템을 만들어 놓고 그 집에서 일을 처리하다 보니 1년 만에 정말로 우울증이 생겼다. 아이들은 지도하지 않고 사람들과의 직접적인 대면이 없어도 내 삶을 유지할 수 있었지만, 결국 그 공간에 정작 빠져 있는 것은 바로 '사람'이었다. 앞서 예로 든 호텔의 회장처럼 나도 한 가지 계획이 있다. 바로 일주일에 이틀 정도만 하는 아주 작은 공부방이다. 그곳에서 다시 아이들과 웃고 떠들고 함께 공부하는 꿈을 가져본다. 여전히 시스템 원장에 대한 거부감이 있고, 아이들과 이별하는 것이 힘든 원장님이 있다면 이런 방법도 있으니 한 번 고려해 보시기 바란다.

❗ 노빠꾸 실행력 파워 업

"떠나지 않으면 새로운 세계를 탐험할 수 없고,
이별하지 않으면 새로운 사람을 만날 수 없다.
아이들과의 시간을 뒤로하고 시스템 원장으로 가는 길에
감정적 괴로움이 있더라도 가야 할 길이라면 가야만 한다.
훗날 더 크게 성장한 후에 다시 만날 아이들을 위해서라도 말이다."

원장은 왜 사람을 영입하지 말고 '키워야' 할까?

!

"무엇을 하든 '누구와 함께 하느냐'가
내 인생을 결정하는 매우 중요한 요소입니다."
- 리카싱(홍콩 재벌) -

처음 학원에 도전하면서 가장 큰 고민은 강사의 잦은 이직 문제였다. 그때까지만 해도 실력 있는 강사, 인성 좋은 강사를 뽑아놓고 월급날 늦지 않게 입금하고, 편안하게 일할 수 있게 해주면 학원은 그럭저럭 돌아갈 수 있다고 믿었다. 더 나아가 강사와 5:5로 수익을 나누기로 했다면 강사도 열정을 가지고 스스로 동기 부여를 하면서 열심히 가르칠 수 있다고 여겼다. 아마도 대부분의 초보 원장님이라면 이렇게 생각할 것이다. 그렇지만 이런 생각이 얼마나 비현실적인지 깨닫기까지 그리 오랜 시간이 걸리지 않았다. 그때마다 '내가 뭘 잘못했지?'라고 반성하면서 '다음번 강사에게는 더 잘해주어야지'라고 다짐하기도 했다.

그런데 이러한 생각은 결국 악순환을 부를 뿐이다. 인재에 대한 근본적인 접근을 다시 해야 한다고 확신했고 좋은 강사를 내 옆에 둘 수 있는 결정적인 이유는 돈도 아니고, 잘해주는 것도 아니라는 사실을 깨달았다. 더불어 궁극적으로 사람을 키우지 않으면 성공으로 가는 길 역시 요원할 뿐이라는 사실을 알게 됐다.

손만 빌리지 말고 가슴까지 빌려라

매우 실력이 좋은 강사와 수익을 5:5로 나누기로 했다고 해 보자. 그렇게 해서 강사가 월 1,000만 원, 원장이 월 1,000만 원을 번다고 가정해 보자. 일단 이 1,000만 원이라는 돈이 적지 않으니까 원장님들은 '강사도 만족할 만한 수익을 벌어가고 있으니, 우리 학원에서 오래 일하겠지?'라고 여기게 된다. 하지만 이는 완전한 착각이다. 그때부터 강사는 이렇게 생각한다.

'아니, 내가 모든 수업을 하면서 1,000만 원을 버는 데, 왜 원장은 상담이나 몇 번 하면서 1,000만 원을 버는 거지? 이거 완전 나만 손해 아니야?'

이런 생각이 계속되면 그 강사는 결국 학원을 나가게 되어 있다. 이런 상태에서는 원장님이 아무리 잘해준다거나 복지를 제공해도 별로 의미가 없다. 강사의 생각은 오로지 돈에 맞춰져 있으며, 자신은 손해를 본다고 여기는 탓이다. 경영학의 아버지라고 불리는 피터 드러커Peter Ferdinand Drucke는 이런 말을 한 적이 있다.

'구성원들의 손만 빌리지 말고 머리와 가슴까지 모두 빌려라.'

강사의 손만 빌리는 원장은 수업을 맡기고 월급이나 수익을 나눠주는 사람이다. 이에 반해 머리와 가슴을 빌리는 원장은 함께 비전을 나누고, 학원 사업에 완전하게 동참할 수 있도록 하며, 자신만의 스타일을 강사에게 오롯이 전달할 수 있는 사람이다. 사실 나 역시 과거에는 강사의 손만 빌리는 원장이었다. 하지만 그 방법은 절대로 장기적이지 못하고, 강사들의 잦은 이직 문제를 해결할 수 없다는 사실을 알게 됐다. 그 이후부터는 강사를 육성하는 작업을 진행했다. 이것이 성공한 이후에는 더 이상 강사의 잦은 이직의 문제에 대해서 그 어떤 고민도 하지 않게 됐다.

'강사를 키운다'는 것은 곧 '내부에서 강사를 육성한다'는 것을 의미한다. 이미 탄탄한 실력을 갖춘 강사를 데려오지 않고, 처음부터 차근차근 강사로 성장하게 하는 일이다. 물론 이렇게 하기 위해서는 당연히 시간이 오래 걸릴 수 있다. 그런데 일단 이러한 양성 시스템이 본격적으로 가동되기 시작하면 이는 5년, 10년을 내다볼 수 있는 매우 강력한 베이스 기지를 건설하는 것과 크게 다름이 없다. 시간이 흐를수록 시스템은 더욱 강해지고, 원장님이 학원에 있든 없든 상관 없는 안정적인 상태가 된다.

인재 양성의 핵심은 '철학과 문화'

그렇다면 구체적으로 이러한 인재 양성에는 어떤 과정이 포함되어야 할까? 즉, '학원에서 강사를 키운다'는 말이 구체적으로 무엇을 의미하는 것일까? 가장 먼저 중요한 키워드는 바로 '철학과 문화'이다. 학원 원장은 자신만의 강의 철학이 있다. 특히 나름의 성공 경험을 해온 원장님들이라면 그것에 대해 확신하고 있으며, 또 그것이 학원가에서의 차별화 지점이라고 확신한다. 따라서 양성이 되는 강사는 일단 이 교수법을 받아들이고 실천할 수 있어야 한다.

두 번째는 원장님이 형성해 놓은 문화에 기꺼이 동참하고 그 안에서 하나가 되려고 하는 노력이다. 문화는 굳이 시키지 않아도 이미 형성되어 있는 분위기나 규율, 혹은 의사소통의 방법 등이다. 만약 이러한 문화를 받아들이지 못하는 강사라면 장기간 함께 일하기에는 한계가 있다. 우선 철학 분야에서 나만의 확고한 교수법이 있다. 그것은 바로 '개개인성의 법칙', 혹은 '들쭉날쭉의 법칙'을 철저하게 실천하는 일이었다.

과거 수학 학원의 책상 배치를 가운데에 몰아놓고 앞쪽에 칠판을 놓고 강사가 수업을 진행하는 방식을 철저하게 지양했다. 이는 일반적인 교실 배치와 다름이 없고, 개개인에게 맞는 맞춤형 1:1 교습을 하기에는 불리한 구조다. 다른 친구들이 있는 상황에서 질문하기도 힘들어진다. 그래서 아예 책상을 벽 쪽으로 붙여놓고, 한 명 한 명의 옆에 앉아서 얼굴을 바라보며 수업하는 방식으로 진행했다. 다소 극단적인 방법이라고 생각할 수도 있겠지만, 이런 철학을 끝까지 밀어붙여 보고 싶었다. 들쭉날쭉한 개개인의 실력에 맞춘 교습, 개개인에게 맞는 수업이 성공할 것이라는 확신이 있었기 때문이다. 그래서 내가 양성한 모든 강사들은 이를 잘 이해하고 받아들이면서 동일한 방식으로 수업을 진행하고 있다.

그런데 혹 어떤 강사가 이런 나의 수업 철학을 받아들이지 않는다고 해 보자. 함께 일하기도 힘들 뿐만 아니라 장기적으로 비전을 나누기도 힘들 수밖에 없다. 두 번째로 문화 분야에서도 매우 확실한 지향점이 있다. 그것은 바로 '일할 때 일하고 놀 때 놀자'는 것이다. 어떨 때 나와 강사들이 하는 토론은 매우 살벌하게 보인다. 정말로 인상을 찌푸리면서 그건 아니라고 반대하고, 문제가 있으면 반드시 이의를 제기한다. 또 일하는 방식이 틀렸다면 그때그때 바로바로 지적한다. 어떤 강사들은 이런 분위기에 잘 적응하지 못하고 불편해할 것이 틀림없다. 특히 내향적인 강사라면 일주일도 견디지 못할 지도 모른다.

하지만 놀 때는 마치 동네 형과 동생처럼 함께 논다. 자주 갈 때는 한 달에 한 번 워크숍을 가서 동네 친구들처럼 물놀이를 하면서 즐긴다. 오전에는 단체로 피시방에 가서 4:4로 스타크래프트를 하고, 오후에는 고기를 구워 먹고 물에 몸을 담근다. 학원의 워크숍이라기보다는 그냥 동네 친구들끼리 놀러 오는 것처럼 친근하다. 일할 때는 싸울 듯하다가, 놀 때는 친구처럼 노는 이런 문화 역시 어떤 사람들에게는 '도대체 이게 뭐지…?'라는 의문이 들 수 있다. 그런데 이런 과정을 통해 원장과 강사가 견고하게 하나가 되는 문화를 구축했다. 역시나 이런 문화에 적응하지 못하는 강사라면, 마찬가지로 장기적으로 함께 일하기는 힘들 것이다. 이렇게 철학과 문화를 함께 공유하는 강사들이라면 단순히 손만 빌리는 것이 아니라, 진심으로 머리와 가슴까지 빌리는 것이라고 볼 수 있다.

초기라면 투트랙 시스템으로도 가능하다

다만 학원을 만들어가는 완전한 초기라면, 장기간에 걸친 인재 양성의 과정이 소모적으로 느껴지거나 또 시간이 없으니 그렇게까지 하기에는 어렵다고 여길 수도 있다. 그렇지만 그래도 대안은 있다. 투 트랙 시스템을 만들어가면 된다. 한편은 내부에서 강사를 육성하면서 장시간의 투자를 하고, 또 한편으로는 원장 강의는 물론, 동시에 비록 단기간이지만 책임감 있게 수업을 진행할 강사를 찾으면 된다. 처음에는 다소 불안정한 상태일 수는 있겠지만, 강사를 육성할 수 있는 시간을 번다는 큰 의미가 있기 때문에 초기에만 견뎌 나가면 충분한 일이다. 이때는 '시간은 나의 편'이라고 믿어도 된다. 다만 이러한 시간을 줄일 수 있는 유일한 예외는 있다. 그것은 '원장님을 이미 완전히 존경하고 있으며, 한 몸처럼 일할 수 있는 강사'일 경우이다.

최근에 나는 나보다 10살 정도 위인 한 강사님과 함께 하기로 했다. 의도적으로 5살, 혹은 10살 정도 어린 강사를 육성하는 것에 비하면 완전히 반대의 상황이다. 하지만 그분은 이미 나의 학원 사업에 직접적인 투자를 하셨고, 스터디카페인 더딩글도 운영하고 계시며, 또 그간 롱텀 컨설팅을 받고 계신다. 우리 학원의 문화를 너무도 잘 알고 있고, 나의 학원 운영 방식도 충분히 동의하고 함께 호흡을 맞춰갈 수 있는 분이다. 이런 분이라면 굳이 육성의 오랜 시간을 거치지 않아도 충분히 함께할 만 하다. 더구나 이렇게 좀 나이가 있는 분들은 기존의 강사와 나의 단점까지 함께 균형을 맞춰줄 수 있다는 점에서 일석이조라고 할 수 있다.

나도 그렇지만 내부에서 성장한 강사들은 대체로 장애물이 생기면 앞으로 강하게 치고 나가는 스타일이다. 물론 이런 스타일도 장점이 있지만, 때때로 다소 모험적인 성향이 강해서 학원이 전체적으로 탄탄한 관리 기반을 갖지 못하는 상황도 생긴다. 그래도 나보다 사업 경험도 많고 나이도 많은 분이라면 이런 단점 역시 충분히 보완해 줄 수 있게 된다.

자신이 온전하게 삶을 결정해 나가는 것처럼 생각되지만, 실제로 자신의 주변 사람이 인생의 경로에 미치는 영향은 매우 크다. 소수의 사람들과 사업을 해나가는 학원 사업일 때에는 특히 그렇다. 더욱 중요한 부분이 바로 철학과 문화이기도 하다. 이 부분을 염두에 두고 꾸준하게 강사를 성장하게 할 수 있다면, 충분히 긍정적인 전망을 기대해도 좋다.

노빠꾸 실행력 파워 업

"돈으로 하나가 되는 것은 결국 한계가 있는 일이다.
결국에는 생각, 마음, 비전까지 같아져야 오래가고,
단단하게 함께 갈 수 있다.
자신의 철학과 문화를 함께할 수 있어야
진짜 친구이자 파트너이자 동업자가 될 수 있다."

인재 양성에서 문제와
마찰을 해결해 나가는 법

!

"그 사람의 신발을 신어보기 전에 그 사람을 평가하지 말라"
- 아메리카 원주민 속담-

누군가를 나의 철학과 문화에 동참시킨다는 것이 쉬운 일만은 아니다. 이미 성인이 되어 자기 생각과 신념을 가진 사람을 변화시키는 일은 어렵기 때문이다. 거기다가 안 따라온다고 벌점을 주거나 징계할 수 있는 시스템도 아니기 때문에 그 모든 과정은 오롯이 이해와 설득으로 이루어져야 한다. 더구나 누군가를 바라보는 나 자신 역시 오류와 착각이 있을 수 있다. 나의 관점으로만 상대방을 판단하는 잘못을 저지를 수도 있다는 뜻이다. 그러다 보니 서로의 문제로 인해 사람과 사람 사이에는 당연히 갈등과 마찰이 생기고 끝내 파국에 이르기도 한다.

나 역시 인재를 양성하는 과정에서 이러한 어려움을 여러 번 겪었다. 그렇지만 다행인 것은 그때마다 나만의 방법을 생각해 낼 수 있었다. 흥미로운 사실은 이러한 방법이 강사 인재 양성에만 적용되지는 않는다는 점이다. 자녀 교육에도 적용될 수 있고, 친구 관계에서도 얼마든지 활용할 수 있다.

사람의 맥락을 이해한다는 것

우선 인재 양성의 전제는 그 대상자가 다름 아닌 '진짜 인재'여야 한다는 점이다. 인재도 아닌 사람을 데려와서 인재로 키우는 것은 불가능하다. 따라서 자신이 채용한 사람이 인재인지 아닌지는 일정 기간 동안 관찰을 통해서 판단해야만 한다. 만약 아니다 싶으면 굳이 양성의 단계로 들어갈 필요가 없지 않은가. 다만 여기에서의 인재란 출중한 능력을 갖춘 사람이 아니라는 점은 이미 언급했다. 그 무엇이든 해내고 싶은 의지가 있는 사람, 기꺼이 혼신의 힘을 다해 자기 발전과 성장에 대한 열망을 가지고 있는 이를 의미한다. 이런 사람이라면 충분히 인재이며 양성의 단계로 들어가도 된다.

이 과정에서 생길 수 있는 여러 문제와 마찰을 예방하기 위한 첫 번째 방법은 '사람의 전후 맥락을 이해해야 한다'라는 점이다. 우리는 눈에 보이는 단편적인 사실을 먼저 보고, 그것으로 사람을 해석하려는 경향이 강하다.

예를 들어 강사가 어느 순간부터 가끔씩 회의에 빠지고 늦는다고 해보자. 일단 그 모습만 보면 원장님이라면 누구라도 화가 날 수밖에 없다. 가장 중요한 일을 두고 그런 불성실한 태도를 보인다면 당장이라도 자르고 싶은 마음이 굴뚝같아지게 된다. 하지만 어느 순간 내가 보는 것, 상대가 보여주는 것만이 전부가 아니라는 사실을 깨달았다. 사실 사람은 모두 '맥락' 속에 존재한다. 우리가 어떤 말이나 행동을 할 때에는 특정한 맥락, 즉 전후좌우의 종합적 환경이 강한 영향을 미친다. 따라서 이 맥락을 제대로 파악하지 않으면 사람에 대해 오해하게 된다. 우스갯소리이기도 하지만, 공부를 하지 않던 학생이 어느 날 마음먹고 공부를 시작하려는데 그때 마침 엄마가 나타나 "너는 도대체 왜 공부를 하지 않고 맨날 빈둥대는 거야!"라고 야단치는 격이다. 자녀의 행동 맥락을 모르면 엄마는 오해하게 마련이고, 결국 자기 눈에는 '오늘도 빈둥대는 아이'라는 모습만 눈에 들어오게 된다. 아이가 무슨 생각을 하고 어떤 마음을 먹었는지는 안중에도 없게 되어버린다.

회의에 빠지던 강사의 모습도 마찬가지다. 맥락을 모르면 불성실한 태도로 보이겠지만, 실제 그에게 무슨 일이 생겼는지를 알 수는 없다.

가족 중에 누군가가 심하게 아파서 간호하다 늦었을 수도 있고, 아니면 본인에게 최근 매우 큰 심리적인 문제가 생겼을 수도 있다. 따라서 이러한 맥락을 파악해야만 그와 진정한 소통이 이루어지게 되고, 나아가 상대가 변화하는 최고의 결과로도 이어질 수 있다. 그림으로 표현하자면 다음과 같다.

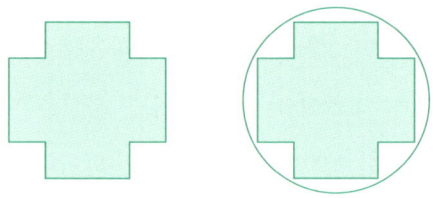

우리가 맥락을 모른 채 바라보는 사람의 모습은 왼쪽이다. 그런데 전후좌우의 빠진 맥락까지 다 감안해서 보는 모습은 오른쪽이다. 하나는 십자가고 하나는 둥근 원이니, 이 둘은 완전히 다른 것이다. 사람을 오해하지 않기 위해서는 이렇게 눈에 보이지 않는 맥락을 파악하려는 노력을 꼭 해야 한다.

한 단계 성장하려면 국민 MC 유재석처럼 변해야 한다

두 번째로 중요한 것은 바로 '국민 MC 유재석처럼 되어야 한다'는 점이다. 이는 앞에 말했던 첫 번째 맥락을 파악하지 못해서 하게 되는 실수를 예방해 주고, 상대방에게 신뢰감을 심어준다는 점에서 인재 양성에서 매우 중요한 문제라고 할 수 있다.

　일단 유재석은 상대방의 말을 잘 들어준다. 사소한 것도 조곤조곤 물어봐주고 상대방의 태도에서 느낌을 잘 알아채서 조금씩 상대방의 퍼즐을 맞춰간다. 이렇게 하면 상대방은 차분한 상태에서 자신의 많은 부분들을 드러내 보일 수가 있게 되고 그 결과, 서로 매우 깊은 이해를 할 수 있다. '경상도 남자가 무뚝뚝한 건 정설이 아닌가?'라는 핑계를 댈 수는 있겠지만, 나 역시 유재석처럼 친절함으로 무장하기까지 쉽지는 않았다. 예전에는 다소 거칠고 직설적인 화법을 주로 쓰곤 했었다. 거기다가 상대의 기분을 감안하지 않고 신나면 들떠서 말하고, 침울하면 내 기분대로 우울하게 이야기하곤 했다. 그런데 이런 방식은 상대방에게 매우 부정적인 영향을 미친다. 그러므로 뻔한 질문이라고 하더라도 유재석 스타일로 해야 한다. "왜, 무슨 일 있어?"라고 친절하게 묻고, "무슨 문제인지는 모르겠지만, 나에게 말해주면 나도 같이 해결 방법을 고민해 볼게"와 같은 방식이다.

　일단 상대방의 말을 충분히 듣고, 이해하며 앞뒤 맥락을 충분히 고려하여 대화하면서 상대의 변화를 유도하는 것이다. 이렇게 했을 때 매우 큰 장점이 있다. 바로 상대방에게 '아, 이 사람은 나의 말을 잘 들어주는 신뢰할 만한 사람이구나'라는 강한 인상을 준다는 점이다. 인재 양성이

란 본질적으로 사람 자체를 변화시키는 것이라고 봤을 때 이러한 신뢰성은 상대방의 변화를 위한 큰 계기가 된다. 거꾸로 생각해보면 그 이유를 알 수 있다. 신뢰하지 않는 사람을 위해 내가 변할 필요가 있을까? 자기가 믿지도 않는 사람의 철학과 그 사람이 만든 문화에 동참하고 싶은 마음이 들까? 절대 그렇지 않다. 유재석이 되어야 하는 이유는 결국 변화를 위한 신뢰와 믿음을 만들기 위해서다.

다만 이러한 의사소통에서는 하나의 팁이 있다. 다소 진지하거나 무거운 대화할 때는 절대로 학원에서 하지 말라는 점이다. 그 공간에서는 이미 원장은 '상사'의 위치이고, 강사는 '부하'의 개념이 확고하게 잡혀 있다. 아무리 부드러운 어투를 쓰더라도 권위적인 느낌이 들고 강요하는 것처럼 들릴 수밖에 없다. 따라서 가까운 카페에서 분위기를 밝게 한 다음, 서로의 위계질서를 지운 상태에서 대화하는 방법이 제일 좋다. 단, 너무 사람들이 너무 많이 오가고 시끄러운 카페는 피해야 한다.

나도 좋고 상대방도 만족하는 이기적 이타주의

문제와 마찰을 예방하고 해결하는 또 하나의 방법은 바로 기버Giver가 되어야 한다는 점이다. 우리는 보통 누군가가 나에게 호의를 보여주고, 뭔가 주는 것이 있으면 그제서야 나도 호의를 보내고 뭔가를 주고 싶은 마음이 든다. 손해를 보지 않으려고 하는 인간의 기본적인 심리 때문이다. 하지만 반대로 먼저 주어야 하고, 또한 때로는 소중한 것을 줄 수 있어야 한다. 실제로 첫 번째 강사이자 나의 오른팔을 키우기 위해서 남들이 볼 때는 엄청난 결단을 내렸다. 바로 벤츠 오픈카를 주었던 일이다. 나에게 이는 단순한 차가 아니었다. 나의 20대를 행복으로 물들였던, 당시 가장 아끼던 물건이라고 할 수 있다. 이러한 선물은 상대방의 마음에도 울림을 주었겠지만, 동시에 나의 마음도 바꾸어 주었다. 실제로 당시 결단을 내릴 때 이런 생각을 했다.

'나의 가장 소중한 것을 주면 상대를 생각하는 나의 마음도 좀 달라지지 않을까?'

가장 소중한 물건을 받는 사람은 그 누구보다 나에게 소중한 사람이 되어야 하고, 또한 그런 대접을 해야 한다는 점을 재각인하게 된다. 벤츠 오픈카를 주면서 더 많이 달라진 사람은 오히려 나였다고 볼 수 있다. 이렇게 '먼저 소중한 것을 주어라'고 하면 어떤 사람들은 "그렇게 막 퍼주다가 망하는 거 아니에요?"라고 말하기도 한다. 이때 '이타적 이기주의'라는 말을 떠올리기를 바란다. 현실에 발을 붙이고 살아가는 우리가 무작정 이타주의로 살아갈 수는 없는 법이다. 이기주의를 추구하기는 해도, 그 과정에서 이타성과 균형을 맞추면 결국 상대도 좋고 나도 좋은 결과를 낼 수 있다. 결국 내가 얻고 싶은 것을 최대한 얻어내기 위해서 전략적으로 상대에게 먼저 주는 것도 유효한 방법이다.

다만 인재 양성의 과정이 모두 이렇게 상대방에게만 맞춰줄 수는 없다. 때로 원장의 철학과 문화에 흡수되려는 태도를 보이지 않을 때는 마치 자신이 흑화된 것처럼 강하게 말할 때도 있어야 한다. 물론 '사람은 바뀌지 않는다'는 말을 믿는 이들도 많아서 이렇게 흑화해서 말한다고 사람이 바뀌겠냐는 의구심을 가질 수는 있다. 하지만 바뀌지 않을 사람은 안 바뀌어도, 바뀔 사람은 언젠가는 바뀐다는 점을 확신하고 있다. 특히 기본적인 태도가 되어 있는 인재에 속한다면 대부분 그랬고 또 그럴 것이다.

예전에 한 조교가 학생과 학부모들에게 좀 무뚝뚝한 어투로 각종 문자나 알림을 보내는 경우가 있었다. 이런 점이 문제가 되어서 실제로 몇 명의 학생들이 학원을 그만두기까지 했었다. 당시 이제까지 전혀 보여주지 않았던 모습으로 정말로 강하게 말했다. 본인도 그런 문제를 인식했는지, 스스로 노력을 하는 모습을 보여주였고, 결국 2주 뒤에는 문자에 하트까지 넣을 정도로 발전했다. 이런 그의 노력에 눈물이 날만큼 고마웠다.

모두가 하나 되는 팀 플레이를 위한 노력

인재 양성을 위한 마지막 팁은 '인재끼리도 서로가 양성되도록 하라'

는 점이다. 이렇게 애정으로 성장을 도모하는 강사가 세 명, 네 명, 다섯 명으로 늘어나면 한 가지 문제가 생긴다. 그때부터는 팀 플레이를 해야 하는 필요성이 생기는 것이다. 하지만 학원이라는 공간은 각자 개별적인 교실에서 일하는 것이나 각개 전투의 느낌이 강하다. 따라서 서로 효율적으로 학원 전체의 발전을 위해 서로 머리를 맞댈 일도 많지 않고, 그런 심리 상태가 되지 않을 때가 많다. 이런 문제를 해소하기 위해서라도 워크숍을 자주 갔었다. 각각 구획된 공간이 아닌, 하나가 될 수 있는 공간에서 함께 할 수 있는 놀이와 휴식을 제공하면 그때부터 강사들의 팀 플레이도 놀랍도록 발전한다. 각자가 가지고 있는 정보를 교환하고 대책을 강구하는 일도 흔하게 볼 수 있다.

가끔은 "이런 데까지 와서 일 이야기하냐?"라고 핀잔을 주어도 별로 상관하지 않는 열정적인 모습을 보곤 했다. 사실 사람을 키우는 것은 불안을 동반하는 일이다. 지금의 나와 말과 행동을 상대방이 어떻게 받아들이는지, 그리고 시간이 흐른 뒤 정말 앞으로도 나와 함께 할지 안 할지 모르지 않는가. 하지만 언제나 사람의 진심은 통한다고 믿는다. 여기에서 밝힌 여러 방법과 함께 자신의 진심을 담는다면, 비록 시간이 걸린다고 하더라도 결국에는 학원을 함께 이끌어갈 역전의 용사를 키워낼 수 있다고 믿는다.

❗ 노빠꾸 실행력 파워 업

"결국 사람과 사람 사이의 핵심은 '믿을 만한 사람인가?',
'좋은 사람인가?'라는 판단이다. 이것이 만들어내는 사람이
인간관계에서도 승리하고 인생도 승리하고,
학원 사업도 성공으로 이끌 수 있다.

사람을 키우는 일을 너무 어렵게 생각할 필요는 없다.
단순하게는 '나는 저 사람에게 좋은 사람인가?'라는
한 가지만 염두에 두고 행동해도 충분할 것이다."

EPILOGUE
이 책이 넥스트 레벨로 업그레이드 될 당신 삶의 이정표이길 바라며

'실제 여행을 하는 기간보다 여행을 준비하는 순간이 더욱 설렌다'는 말이 있다. 이제까지 여러 가지 사업을 해왔기에 역시 사업을 준비하는 기간에 오히려 더 희망이 생기고 꿈도 피어난다는 사실을 느낀다. 사교육 분야에서 여러 사업에 도전했고, 더불어 일정한 성과를 거둬왔다고 자부하기에, 앞으로 이뤄낼 사업에 대해서도 무척 긍정적으로 전망한다. 더구나 앞으로의 사업은 이제까지 해왔던 단점을 보완하고 또 개인적인 경험까지 함께 어우러져 있기에 더 강한 확신이 든다.

가장 먼저 하고 싶은 것은 '직영 학원을 늘리는 일'이다. 학원 컨설팅과 리브랜딩은 직접 내 생각을 실천하는 일이 아니기 때문에 어느 정도 한계가 있을 수밖에 없다. 아무리 마케팅적으로 뛰어난 조언을 하더라도, 결국 원장님이 실천하지 않고 스스로 변화하지 않으면 아무런 소용이 없다. 이제 나의 조직에서도 핵심 멤버들이 탄탄하게 길러진 이상, 직영점을 더욱 늘리는 일은 그리 어렵지 않을 것이라고 예상한다. 특히 최근 '대구의 대치동'이라고 불리는 수성구 한복판의 120평 정도의 학원을 인수했다. 그간 학원을 운영하며 매년 학생들을 꼬박꼬박 의대에 보내신 원장님이 함께 하게 되어서 더욱 믿음이 간다. 여기에 고등부 강사 교육과 입시 컨설팅까지 결합될 예정이라 한층 고도화된 직영점이 될 것이다.

조그마한 영감이라도 얻을 수 있다면

기존의 스터디카페인 〈더딩글〉에서 한층 레벨업된 관리형 스터디카페 〈프리즌〉으로도 출격한다. 더딩글이 자유롭게 자신이 알아서 공부하는 방식이라면 프리즌은 말 그대로 '관리형'이다. 아무리 스터디카페에 와도 스스로 집중하지 않으면 소용이 없다. 그러므로 이런 부분을 도울 수 있는 관리형 스터디카페를 확산시켜 나갈 것이다. 그래서 이름도 '프리즌'으로 지었다. 이는 프리Free와 프리즘Prison의 합성어이다. 또 하나의 사업은 '와, 이동헌 대표가 이런 것도 하네?' 싶을 아이템인 개인 PT샵이다. 방문과외를 시작한 이후 근 10년간 몸을 제대로 돌보지 않아서 여기저기 탈이 났던 터라 최근 몇 년간 개인 PT로 건강 문제를 완전히 해결했다. 한마디로 나 스스로 '찐 PT 팬'이고, 또한 이용자의 마음을 누구보다 잘 알고 있다. 일반 PT샵은 여러 명이 한꺼번에 모여서 하는 방식이지만, '하이엔드'라는 개념을 넘어 30여 평의 공간에 단 한 명의 선생님과 단 한 명의 이용자가 1시간 30분 동안만 받게 한다. 그 누구의 방해도 없이 자신의 운동에 전념하도록 하기 위해서다.

회사 법인명은 '넥스트 레벨 6'로 지었다. 여기에서 6은 여섯 명이 동업을 한다는 뜻이다. 다만 '넥스트 레벨'이라는 말은 개인적으로도 의미가 깊다. 지난 14년간 앞만 보고 달려왔고 이제는 다음 단계로 도약하고 싶다는 염원을 담고 있다. 더 나아가 넥스트 레벨이라는 말은 이 책을 읽으신 이들에게도 꼭 강조하고 싶다. 이 한 권을 통해서 '인간 이동헌'을 다 이해할 수는 없다고 하더라도, 과거에 얼마나 힘들었고 또 그것을 극복하기 위해 어느 정도의 노력을 했는지는 이해할 수 있으셨을 것이다. 그리고 그러한 과정이 여러분에게 자그마한 하나의 영감이라도 줄 수 있다면, 조금이라도 실행력을 강화하고 변화의 기틀을 마련할 수 있다면, 필자로서 더 이상 바랄 것이 없겠다. 앞으로도 계속 이어질 여러 세미나와 강연 등에서 여러분을 직접 만날 수 있길 기대한다.